ŒUVRES SCIENTIFIQUES

DE

MICHEL-EUGÈNE CHEVREUL

DOYEN DES ÉTUDIANTS DE FRANCE

1806-1886

PAR GODEFROY MALLOIZEL,

Sous-Bibliothécaire au Muséum d'Histoire naturelle,

Officier d'Académie ;

Avec une Introduction de M. J. DESNOYERS,

Membre de l'Institut,

Bibliothécaire du Muséum d'Histoire naturelle ;

Et une Préface de M. CHARLES BRONGNIART,

Président du Comité du Centenaire de M. CHEVREUL.

———— ∞◊∞ ————

PARIS

—

1886

ŒUVRES SCIENTIFIQUES

DE

MICHEL-EUGÈNE CHEVREUL

DOYEN DES ÉTUDIANTS DE FRANCE

1806-1886

ROUEN. — IMPRIMERIE JULIEN LECERF.

ŒUVRES SCIENTIFIQUES

DE

Michel-Eugène CHEVREUL

DOYEN DES ÉTUDIANTS DE FRANCE

1806-1886

Par Godefroy MALLOIZEL

Sous-Bibliothécaire au Muséum d'Histoire naturelle,

Officier d'Académie.

Avec une Introduction de M. J. DESNOYERS

Membre de l'Institut,

Bibliothécaire du Muséum d'Histoire naturelle ;

Et une Préface de M. Charles BRONGNIART,

Président du Comité du Centenaire de M. Chevreul.

———◇◇✦◇◇———

PARIS

—

1886

Champollion sc 1887
Nadar phot

COMITÉ DU CENTENAIRE DE M. CHEVREUL

Président :

M. Charles BRONGNIART.

Vice-Présidents :

M. Léonce de QUATREFAGES de BRÉAU,

Ingénieur des Arts et Manufactures.

M. René ACOLLAS,

Attaché au Cabinet du Ministre de l'Instruction publique,
des Beaux-Arts et des Cultes.

Trésorier :

M. Louis PASSY,

Député,
Secrétaire perpétuel de la Société nationale d'Agriculture.

Secrétaire :

M. Ludovic DEVIS, Docteur en Médecine.

Membres :

MM. **H. GILLET**, Interne des Hôpitaux.

GRÈS, Préparateur à l'Ecole supérieure de Pharmacie.

Henri MARTIN, Elève de l'Ecole des Hautes-Etudes.

ROCHÉ, Elève de l'Ecole des Hautes-Etudes.

PRÉFACE

Le 31 août dernier M. Chevreul est entré dans sa cent unième année.

Désirant perpétuer le souvenir de cet anniversaire, un comité s'organisa et ouvrit une souscription, dans le but d'offrir au *Doyen des Etudiants* centenaire, une médaille commémorative.

Cette médaille, œuvre admirable de M. O. Roty, transmettra dignement à la postérité les traits de l'illustre savant.

Le succès de la souscription a dépassé de beaucoup nos espérances, et il nous a été permis d'élever un autre monument à la gloire de M. Chevreul.

M. G. Malloizel, Sous-Bibliothécaire du Muséum d'Histoire naturelle, a fait un travail bibliographique d'une haute importance : il a donné la liste complète de tous les mémoires et notices publiés par M. Chevreul depuis 1806.

Dans ce travail, que nous publions aujourd'hui, M. Malloizel ne s'est pas contenté d'indiquer, avec un soin minutieux, les titres de toutes les œuvres du Maître, il a analysé pour ainsi dire chaque mémoire, en donnant les renseignements bibliographiques les plus complets.

Ce volume peut être considéré comme l'histoire même de la chimie moderne.

M. J. Desnoyers, Membre de l'Institut, Bibliothécaire du Muséum, voulant rehausser encore la valeur du livre, a écrit une introduction ; nous ne saurions trop le remercier de nous avoir ainsi prêté son concours.

Dans un appendice, on trouvera quelques-unes des adresses envoyées à M. Chevreul, par des Universités ou des Académies étrangères, à l'occasion de son centenaire. Elles prouvent une fois de plus que les services qu'il a rendus à la science et à l'industrie sont appréciés hautement, non-seulement en France, mais dans tous les pays civilisés.

Ce travail est orné d'un splendide portrait de M. Chevreul, que M. Champollion, l'habile aqua-fortiste, a gravé spécialement pour notre volume. Nous lui adressons ici nos plus vifs remerciements.

Ce volume a été imprimé à Rouen, chez M. J. Lecerf, qui a tenu à honneur d'apporter tous ses soins à la bonne exécution de cette œuvre.

Nous terminerons cette préface en répétant quelques phrases que le professeur A.-W. Hofmann écrivait à la fin de la biographie de mon oncle vénéré J.-B. Dumas, phrases qui peuvent admirablement s'appliquer à M. Chevreul : « On éprouve un plaisir égal à « savoir que l'auteur jouit d'une santé physique et « d'une vigueur intellectuelle sans affaiblissement. « Puisse le noble vétéran de la science contempler « avec un légitime orgueil, durant de longues années « encore, la glorieuse carrière qu'il a parcourue, et « ajouter de nouveaux fleurons aux richesses d'une « couronne déjà si belle. »

Paris, le 1er décembre 1886.

Charles BRONGNIART,

Président du comité du centenaire.

INTRODUCTION

Après les hommages unanimement rendus à M. CHEVREUL, en commémoration du centenaire de sa glorieuse carrière scientifique, il pouvait sembler superflu de rien ajouter qui pût mieux honorer et plus vivement éclairer la mémoire de tant de services rendus aux sciences et à l'industrie. Cependant une réunion de jeunes gens, sous la présidence de M. Charles Brongniart, voulant participer à la manifestation de tous ces hommages, a pris l'initiative d'une souscription, dans le but de faire exécuter une médaille commémorative [1], dont le premier exemplaire a été remis à M. CHEVREUL dans la séance de la Société d'Agriculture du 30 août 1886. L'empressement des souscripteurs a dépassé les espérances, et le Comité a trouvé encore les ressources nécessaires pour élever à l'honneur de M. CHEVREUL un autre monument qui sera apprécié par tous les amis des sciences, c'est-à-dire une liste complète et détaillée de tous ses travaux, de ses études et de ses opinions scientifiques. Cette liste a été consciencieusement rédigée par M. Malloizel,

1. OEuvre de O. Roty.

Sous - Bibliothécaire du Muséum, qui avait déjà réuni une partie des matériaux de ce long travail bibliographique, et qui les a vérifiés et complétés par une analyse rigoureusement détaillée de tous les recueils académiques et périodiques dans lesquels sont disséminées les innombrables études de M. Chevreul sur les plus importantes questions scientifiques. C'est, pour ainsi dire, lui-même qui expose, sans commentaires, ses études, ses découvertes, ses opinions de tous les jours, justifiant ainsi ce titre modeste qu'il a aimé à se donner de *Doyen des Etudiants de France*. La brièveté de nombreuses communications à des Sociétés savantes n'en diminue point l'importance. Souvent, en effet, des résumés succints de longues discussions scientifiques offraient à M. Chevreul l'occasion d'en démontrer le caractère et l'intérêt. C'est, entre autres, ce que rend évident l'analyse très-détaillée des procès-verbaux de la Société centrale d'Agriculture de France, dont M. Chevreul est depuis longtemps Président.

La liste bibliographique, rédigée par M. Malloizel, a déjà été publiée, mais non intégralement et sans la mention des sources consultées, si utile pour des études ultérieures, à la suite de l'éloquent discours dans lequel M. Frémy, Directeur du Muséum d'Histoire naturelle, a exposé et apprécié, avec sa légitime compétence, le caractère et les mérites des travaux de son illustre prédécesseur. C'est, en effet, au Muséum dont M. Chevreul a été longtemps Directeur, que s'est écoulée et se continue sa longue et infatigable carrière, dont il n'a pas été distrait un seul jour, même pendant la douloureuse période qui lui a fourni l'occasion de revendiquer les privilèges les plus légitimes de

la science contre les erreurs aveugles de l'invasion
étrangère.

J'ai eu moi-même, depuis plus de cinquante ans,
l'honorable devoir et d'incessantes occasions, dans
mes fonctions de Bibliothécaire, de constater et d'ad-
mirer les consciencieuses études de M. Chevreul, dont
les principaux résultats étaient seuls publiés.

J. DESNOYERS

Membre de l'Institut,
Bibliothécaire du Muséum d'Histoire naturelle.

ŒUVRES SCIENTIFIQUES

DE

MICHEL-EUGÈNE CHEVREUL

DOYEN DES ÉTUDIANTS DE FRANCE

1806.

1. *Examen chimique des os fossiles trouvés dans le département d'Eure-et-Loir.*

> Ann. de Chimie LVII, 1806, p. 45-50.
> Gehlen. Journ. II, 1806, p. 192-194.

2. En collab. avec LAMÉTHÉRIE.—*Notice sur une variété de Trapp avec l'analyse de la même substance.*

> Journ. de Phys. LXXIII, 1806, p. 65-73.

1807.

3. *De l'action de l'acide nitrique sur le liège.*

> Ann. de Chimie LXXVII, 1807, p. 223-233.
> Gehlen. Journ. V, 1808, p. 379-387.
> Nicholson. Journ. XXIII, 1809, p. 149-154.

4. *Analyse de l'indigo de Guatimala et examen des substances qui le composent.*

> Paris. Soc. Philom. Bull. 1, 1807, p. 50-52.

5. *Expériences chimiques sur l'indigo.*

> Journ. de Phys. LXXV, 1807, p. 309-314.
> Ann. de Chimie LXVI, 1808, p. 5-53.
> Gehlen. Journ. V, 1808, p. 373-379.

6. En collab. avec Robiquet. — *Note sur la décomposition spontanée du sulfure hydrogéné de baryte.*

Ann. de Chimie LXII, 1807, p. 180-182.
Nicholson. Journ. XIX, 1808, p. 25-26.

1808.

7. *Expériences chimiques sur les bois de Brésil et de Campêche.*

Ann. de Chim. LXVI, 1808, p. 225-265

8. *Sur les urines de chameau et de cheval, et sur l'acide urique des excréments des oiseaux.*

Ann. de Chim. LXVII, 1808, p. 294-308.
Gehlen. Journ. VII, 1808, p. 521-522.

9. *Analyse chimique de l'Isatis tinctoria et de l'Indigofera anil.*

Ann. de Chim. LXVIII, 1808, p. 284-299.
Gilbert. Ann. XLII, 1812, p. 315-327.
Trommsdorff. Journ. de Pharm. XIX. 1810, p. 93-118.
Schweigger. Journ. V. 1812, p. 291-321.

10. *Analyse d'une Hornblende schisteuse des départements de l'Ouest de la France.*

Journ. de Phys. LXVI, 1808, p. 161-169.

11. *Expériences chimiques sur le pastel.*

Journ. de Pharm. LXVI, 1808, p. 369-376.

12. *Sur l'amer.*

Paris. Soc. Philom. Bull. I, 1808, p. 381-383.

1809.

13. *Sur les substances amères formées par la réaction de l'acide nitrique sur l'indigo.*

Ann. de Chim. LXXII, 1809, p. 113-142.
Journ. de Phys. LXIX, 1809, p. 246-250.
Nicholson. Journ. XXX, 1812, p. 351-364.

14. *Mémoire sur des substances précipitant la gélatine formée par l'action de l'acide nitrique sur plusieurs substances végétales.*

> Journ. de Phys. LXIX, 1809, p. 251-257.
> Ann. de Chimie LXXIII, 1810, p. 18-35.
> Gilbert. Ann. XLIV, 1813, p. 148-175.
> Nicholson. Journ. XXXII, 1812, p. 360-374.

15. *Sur les différents composés formés par la réaction de l'acide sulfurique sur le camphre.*

> Journ. de Phys. LXIX, 1809, p. 299-304.
> Ann. de Chimie LXXIII, 1810, p. 167-196.
> Tilloch. Phil. Mag. XXXVII. 1811, p. 425-436.

1811.

16. *Mémoire sur l'influence de l'oxydation dans les combinaisons des oxydes d'étain avec la couleur de campêche.*

> Paris. Mus. Hist. nat. Ann. XVII, 1811, p. 26-33.

17. *Recherches chimiques sur le bois de campêche et sur la nature de son principe colorant.*

> Paris. Mus. Hist. nat. Ann. XVII, 1811, p 280-309.
> Paris. Mus. Hist. nat. Ann. XVII, 1811, p. 339-376.
> Ann. de Chim. LXXXI, 1812, p. 53-86, 126-147.
> Ann. de Chim. LXXXI. 1812, p. 158-169.
> Bull. de Pharm. III, 1811, p. 546-556.
> Gilbert. Ann. XLII, 1812, p. 145-154.
> Schweigger. Journ. IV, 1812, p. 424-458.
> Schweigger. Journ. VIII, 1813, p. 221-237, 272-301.

18. *Expériences chimiques sur le cartilage du Squalus peregrinus.*

> Paris. Mus. Hist. nat. Ann. XVIII, 1811, p. 136-153.

19. *Sur la liqueur contenue dans les cavités intervertébrales du Squalus peregrinus.*

> Paris. Mus. Hist. nat. Ann. XVIII, 1811, p. 154-155.

20. *Analyse du Mispikel.*

Journ. de Phys. LXXII, 1811, p. 205-208.

21. *Examen chimique des feuilles de pastel et du principe extractif qu'elles contiennent.*

Paris. Mus. Hist. nat. Ann. XVIII, 1811, p. 251-291.
Bull. de Pharm. IV, 1812, p. 257-269.
Gilbert. Ann. XLI, 1812, p. 245-254.
Journ. de Pharm., 1817, p. 350-378.

22. *Sur un phénomène que présentent la baryte et la strontiane, lorsqu'elles se combinent rapidement avec le gaz muriatique.*

Paris. Mus. Hist. nat. Ann. XVIII. 1811, p. 407-408.
Ann. de Chimie LXXXIV, 1812, p. 285-286.
Gilbert. Ann. XLIV, 1815, p. 314-315.
Schweigger. Journ. VII, 1813, p. 124-126.

23. *Note sur la production de l'oxyde brun de plomb dans une circonstance qui n'a pas été observée.*

Paris. Mus. Hist. nat. Ann. XVIII, 1811, p. 409-411.
Ann. de Chimie LXXXIV, 1812, p. 315-318.
Gilbert. Ann. XLI, 1815, p. 115-116.
Tilloch. Phil. Mag. XLII, 1813, p. 35-36.

1812.

24. *Mémoire sur le sulfite de cuivre.*

Paris. Mus. Hist. nat. Ann. XIX, 1812, p. 17-35.
Ann. de Chimie LXXXIII, 1812, p. 181-207.
Gilbert. Ann. XLVI, 1814, p. 185-186.
Journ. des Mines XXXII, 1812, p. 449-450.

25. *Sur la préparation de l'indigo.*

Journ. de Phys. LXXIV, 1812, p. 471-473.

26. *Faits et observations pour servir à l'histoire des combinaisons de l'oxyde de plomb jaune avec les acides nitrique et nitreux.*

Paris. Mus. Hist. nat. Ann. XIX, 1812, p 188-214.
Ann. de Chimie LXXXIII, 1812, p. 67-105.
Bull. de Pharm. V, 1813, p. 26-31.
Tilloch. Philos. Mag. XLIII, 1814, p. 262-270, 241-344.

27. *Supplément au Mémoire sur les nitrates et les nitrites.*

Paris. Mus. Hist. nat. Ann. XIX, 1812, p. 296-306.
Ann. de Chimie LXXXIV, 1812, p. 5-19.
Tilloch. Philos. Mag. XLIII, 1814, p. 401-406.

1813.

28. *Note sur les tournesols.*

Paris. Mus. Hist. nat. Ann. XX, 1813, p. 337-338.

29. En collab. avec VAUQUELIN. — *Analyse de quatre variétés de trapps compacts.*

Ann. de Chimie LXXXVII, 1813, p. 180-189.

1813-1818.

30. *Recherches chimiques sur plusieurs corps gras, et particulièrement sur leurs combinaisons avec les alcalis.*

PREMIER MÉMOIRE

Lu le 5 juillet 1813, à l'Institut.

31. *Sur une substance nouvelle obtenue du savon de graisse et de potasse*, p. 313.
De la purification de la matière nacrée et de sa décomposition par l'acide muriatique, p. 315.
La margarine, p. 317.
Action de la potasse sur la margarine, p. 319.
Action de l'eau sur la margarine, p. 321.
Action de la margarine sur le tournesol, p. 329.

Paris. Mus. Hist. nat. Ann. XX, 1813, p. 313-326.

DEUXIÈME MÉMOIRE

Lu le 2 novembre 1813, à l'Institut.

32. *Examen chimique du savon de graisse de porc et de potasse*, p. 31.

1re Partie.

2e Partie.

3e Partie.

Paris. Mus. Hist. nat. Mém. II, 1813, p. 127-146, 175-194.

CINQUIÈME MÉMOIRE

Lu le 19 septembre 1814, à l'Institut.

35. *Des corps que l'on a appelés adipocire, c'est-à-dire de la substance cristallisée des calculs biliaires humains, du sperma-ceti et de la substance grasse des cadavres, p. 308.*

1re PARTIE.

De la substance cristallisée des calculs biliaires humains, p. 309.

2me PARTIE.

Du sperma-ceti, p. 311.
Saponification du sperma-ceti, p. 312.
Examen de l'eau-mère du savon de sperma-ceti, p. 313, et analyse du savon, p. 313.
1. Examen de la matière brillante séparée du savon de sperma-ceti, p. 314.
   Examen du sperma-ceti saponifié, p. 316.
2. Examen de la liqueur aqueuse, d'où la matière brillante s'était séparée, p. 318.

3me PARTIE.

Du gras des cadavres, p. 321.
1. Examen du résidu insoluble dans l'alcool, p. 322.
2. Examen du dépôt qui s'était précipité dans les lavages alcooliques, p. 324.
3. Examen des lavages alcooliques d'où le dépôt s'était précipité, p. 325.
Analyse de l'adipocire, p. 328.
1. Saponification de l'adipocire fusible à 45°, p. 329.
2. Examen de l'eau-mère et des liquides aqueux provenant de la décomposition du savon, p. 330.
3. Examen du savon jaune, p. 332.

2me Partie.

3me Partie.

Remarques sur les huiles de dauphin et de poisson,
p. 311.

Paris. Mus. Hist. nat. Mém. IV, 1818, p. 262-312.

NOTES BIBLIOGRAPHIQUES.

Ann. de Chimie LXXXIII, 1813, p. 225-261.
Ann. de Chimie XCIV, 1815, p. 73-107, 113-143, 225-280.
Ann. de Chimie XCV, 1815, p. 5-50.
Ann. de Chimie II, 1816, p. 549-561.
Ann. de Chimie III, 1817, p. 13-31.
Ann. de Chimie IV, 1818, p. 263-279.
Bull. Soc. Philom., 1815, p. 78-84, 91-96.
Schweigger. Journ. XIV, 1815, p. 420-443.
Thomson. Ann. Phil. XII, 1818, p. 186-199.
Thomson. Ann Phil. XII, 1818, p. 257-290.
Tilloch. Philos. Mag. XLIV, 1814, p. 193-206.
Tromsdorff. N. J. de Pharm. II, 1818, p. 212-242.
Tromsdorff. N. J. de Pharm. VI, 1822, p. 252-261.

1815.

38. *Note sur les hydrochlorates.*

Ann. de Chimie XCV, 1815, p. 307-310.
Gilbert. Ann. LII, 1816, p. 228-231.

39. *Mémoire sur le moyen d'analyser plusieurs matières
végétales, et en particulier le liège.*

Paris. Mus. Hist. nat. Mém. I, 1815, p. 375-384.
Ann. de Chimie XCVI, 1815, p. 141-189.
Schweiggér. Journ. XVI, 1816. p. 323-338.

40. *Notes sur le sucre de diabète.*

Ann. de Chimie XCV, 1815, p. 319-320.

1816.

41. *Sur la saponification.*

Journ. de Pharm. II, 1816, p. 497-507.

1817.

42. *Note sur la cause des changements de couleurs que présente le caméléon minéral.*

Ann. de Chimie IV, 1817, p. 42-49.
Schweigger. Journ. XX, 1817, p. 324-332.
Tilloch. Philos. Mag. L, 1817, p. 291-295.
Tromsdorff. N. J. Pharm. II, 1818, p. 188-198.

1818.

43. *Sur l'acide ellagique de M. Braconnot.*

Ann. de Chimie IX, 1818, p. 329-331.

44. *On the acidity of Tungsten and Uranium when satured with Oxygen* (trad.).

Bull. des Sciences, 1818, p. 20.
Thomson. Ann. Philos., 1818, p. 144-145.

45. *M. Chevreul a fait tous les articles de chimie du Dictionnaire des sciences naturelles, à partir du vol. VII; ainsi que tous ceux du supplément des six premiers volumes, 1818 à 1840.*

1820.

46. *Premier mémoire sur la zircone.*

Ann. de Chimie XIII, 1820, p. 245-249.
Journ. de Physique XC, 1820, p. 170-175.
Oken Isis, 1821, p. 254-256.
Schweigger. Journ. XXIX, 1820, p. 144-149.
Tilloch. Philosoph. Mag. LV, 1820, p. 377-379.
Tromsdorff. N. Journ. f. Pharm. V, 1821, p. 214-221.

1822.

47. *De l'influence que l'eau exerce sur plusieurs substances azotées solides.*

MÉMOIRE

Lu à l'Institut le 9 juillet 1821.

1. Tendons, p. 33. — 2. Tissu élastique frais, p. 35.—
3. Cartilage de l'oreille externe, p. 36.—4. Ligaments
cartilagineux, p. 37. — 5. De la fibrine, p. 38. —
6. De la cornée, p. 38.—7. De l'albumine de l'œuf.
Action de la chaleur sur l'albumine sèche et soluble,
p. 41.
Action de l'alcool sur l'albumine soluble, p. 12.
Action de l'éther sulf. sur l'albumine dissoute dans
l'eau, p. 44.
Action de l'huile de térébenthine, p. 45.
Action de la chaleur sur le blanc d'œuf étendu d'eau,
p. 46.

Ann. de Chimie XIX, 1822, p. 32-57.
Brugnatelli Giornale V, 1822, p. 181-182.
Gilbert. Ann. LXX, 1822, p. 375-388
Journ. des Savants, 1821, p. 526-534.
Quart. Journ. Isis, 1822, p. 418-419.
Schweigger. Journ. XXXIV, 1822, p. 423-425.
Paris. Mus. Hist. nat Mém. XIII, 1825, p. 160-191 (réimpression).

48. *Articles sur : « Chimie agricole de Davy ».*

Journ. des Savants, 1822, p. 169-180; 293-304; 352-360.

1er Article.—Structure des végétaux.—Principes organiques, p. 169.
2e Article. — Nature et analyse des sols, p. 293. —
Origine des sols, p. 295. — Nomenclature des sols,
p. 296.—Action du sol sur la végétation, p. 296.—
Influence du pouvoir rayonnant des sols, p. 297.—
Influence du support du sol, p. 297. — Influence de
l'eau du ciel, p. 297.—Amélioration des sols, p. 298.
—Germination, p. 298.—Nutrition des plantes pour-
vues de racines et de feuilles, p. 299.—Mouvement
de la sève montante et ascendante, p. 300.—Mort et
maladie des plantes, p. 303.

3ᵉ Article. — Engrais, p. 352. — Chaux, carbonate de chaux, p. 355.—Sulfate de chaux, p. 356.—Cendres de bois, chlorure de sodium, p. 357.

49. *Article de M. Chevreul sur : « De l'emploi du chalumeau dans les analyses chimiques, par M. Berzélius. Traduit du suédois par F. Fresnel ».* 1 vol. in-8, 1821, 4 pl.

Journ. des Savants, 1822, p. 579-586.

1823.

50. *Articles sur le Dictionnaire de Chimie, sur le plan de celui de Wicholson....., par A. Ure. Traduit par Riffault sur l'édition de 1821.* Paris, 4 vol. in-8, 1822-24.

1ᵉʳ *Article.* — Journ. des Savants, 1823, p. 365-369.
2ᵉ *Article.* — Journ. des Savants, 1824, p. 498-505.
3ᵉ *et dernier Article.*— Journ. des Savants, 1824, p. 597-606.

51. *Faits pour servir à l'histoire du lait de vache.*

Préparation du beurre pur, p. 366.
1. De quelques propriétés physiques et chimiques du beurre, p. 367.
2. Saponification du beurre par la potasse, p. 367.
3. Analyse du beurre par l'alcool, p. 368.
A. Des liquides aqueux, p. 369.—B. De la stéarine, p. 369. — C. De l'huile, p. 370.

Ann. de Chim. XXII, 1823, p. 366-375.
Quart. Journ. Sc. XVI, 1823, p. 366-375

52. *Recherches sur les corps gras d'origine animale.*

Paris. Levrault, 1 vol. in-8, 1823, XVI, 484 p.

Livre I.

Chap. Iᵉʳ. — *Définition de l'espèce dans les corps composés,* p. 2.

L'expression de corps gras ne peut être le sujet d'une définition scientifique, p. 5.

Livre III.

Livre VI.

1823.

3. Corps qui agissent sur le tact de la langue et sur le goût (sucre, chlorure de sodium), p. 442.

4. Corps qui agissent sur le tact de la langue, sur le goût et sur l'odorat (les huiles volatiles, les pastilles de menthe, de chocolat), p. 442.

Paris. Mus. Hist. nat. Mém. X, 1823, p. 439-442.
Ann. de Chimie. XXVI, 1824, p. 386-390.
Magendie. Journ. de Phys. IV, 1824, p. 127-131.
Quart. Journ. Sc. XVII, 1824, p. 992-993.

55. *Recherches sur plusieurs points de chimie organique, et considération sur la nature du sang.*

Lu à l'Académie le 3 août 1823.

Se produit-il des matières grasses lorsque l'alcool, l'éther sulfurique, l'acide nitrique, réagissent sur plusieurs substances organiques azotées?

Les muscles se changent-ils en adipocire dans l'économie animale?

Les tendons, les tissus élastiques jaunes se changent-ils en adipocire lorsqu'ils sont enfouis dans la terre ou plongés dans l'eau?

Découverte de la matière cérébrale dans le sang. Examen du sérum des enfants attaqués d'une ictère, et de l'induration du tissu cellulaire.

Paris. Mus. Hist. nat. Mém. X, 1823, p. 443-451.
Magendie. Journ. de Phys. IV, 1824, p. 119-127.
Schweigger. Journ. XLIII, 1825, p. 242-246.

1824.

56. *Article sur « La Chimie organique appliquée à la physiologie et à la médecine », etc., par Gmelin. Trad. par Ineichen, avec notes et additions par M. Virey.* Paris, 1823, 1 vol. in-8.

Journ. des Savants, 1824, p. 116-123.

Objet de la physiologie, p. 226.

Objet de l'hygiène, de la thérapeutique, de la pharmacie, p. 226.

Ces sciences considérées abstraction faite des connaissances chimiques qui s'y rattachent, p. 226.

Ces sciences considérées en prenant les connaissances chimiques en considération ; résumé sur l'utilité de la chimie à ces sciences, p. 228.

Nouvelles considérations propres à prouver l'utilité de la chimie à l'histoire des êtres organisés, p. 229.

Première considération, relative à la nature des muscles, des nerfs, pris dans la série des êtres animés, p. 230.

Deuxième considération, relative à l'accroissement des êtres organisés par intussusception, p. 231.

Troisième considération, relative à l'inégale proportion de l'azote contenue dans les végétaux et les animaux, p. 232.

Dernières réflexions, p. 233.

L'étude de la vie se compose de trois parties :

Première partie. — Étude du cadavre, p. 234.

Deuxième partie.—Étude des phénomènes de la vie, p. 237.

Troisième partie.—Recherches des causes des phénomènes physiologiques, p. 238.

1825.

60. *Influenza del calore secco nell' analise organica immediata.*

Cattaneo. Giorn. Farm. II, 1825, p. 10-16.

61. *Remarques sur la lettre de M. Caventou à M. Boullay relativement à la priorité de la découverte de l'acidification des corps gras par l'acide sulfurique.* Paris, 20 décembre 1884.

Journ. de Pharm. XI, 1825, p. 19-22.
Tromsdorff. N. Journ. Pharm. XI, 1825, p. 153-161.

62. *Considérations sur la minéralogie. Articles sur le « Traité de minéralogie de Beudant ».*

1ᵉʳ Article. — Considérations générales sur la minéralogie, p. 496.

2ᵉ Article. — Caractères extérieurs, propriétés physiques et nature chimique des minéraux, p. 539.

3ᵉ Article. — Classification, âges, etc., p. 611.

Journ. des Savants, 1825, p. 496-502, 533-542, 611-621.

63. *Examen chimique de deux échantillons du sol de la caverne Kuylock.*

Paris. Mus. Hist. nat. Mém. XXII, 1825, p. 62-74.
Thomson. Ann. Phil. IX, 1825, p. 285-297.
Tilloch. Phil. Mag. LXV, 1825, p. 305-307.

64. *De l'action simultanée de l'oxygène gazeux et des alcalis sur un grand nombre de substances organiques.*

Mémoire lu à l'Académie le 23 août 1824.

Hematine, p. 371.
Principe colorant du bois de Campêche, p. 372.
Couleur de la cochenille, p. 374.
Couleur jaune de la filasse de chanvre, p. 374.
Acide gallique, p. 374.
Principe colorant de la bile de bœuf, p. 378.
Principe colorant du sang et de l'albumine, p. 378.
Huile empyreumatique, p. 379.
Action de la potasse sur le ligneux, le sucre et l'amidon, p. 379.

Rapports des faits précédents avec l'analyse organique et les arts, p. 380.

Paris. Mus. Hist. nat. Mém. XII, 1825, p. 367-383.

Poggendorf. Ann. XVII, 1827, p. 176-178

Quart. Journ. Sc. XX., 1826, p. 388-391.

65. *Article sur : « Essai chimique sur les réactions foudroyantes, par C.-J. Brianchon »*. Paris, 1825, 1 br. in-8.

Journ. des Savants, 1825, p. 298-303.

1826.

66. *Articles sur : « Principes de la chimie établis par les expériences, ou Essai sur les proportions définies dans la composition des corps, par M. Th. Thomson »*. 2 vol. in-8, Paris, 1825.

1er *Article*. — Journ. des Savants, 1826, p. 425-428.

2e *Article*. — Journ. des Savants, 1826, p. 579-586.

Procédés pour dégrader les nuances de la teinture en bleu de Prusse sur soie.

Bull. Soc. Encourag. XXVI, p. 286-287.

1827.

67. *Article sur : « La jurisprudence générale des mines en Allemagne, traduite de Fr. Ludwig von Cancrin, avec des annotations relatives à ce qui a trait à la même matière dans les principaux états de l'Europe et notamment en France, par M. Blavier »*. 1825, 3 vol. in-8.

Journ. des Savants, 1827, p. 260.

1828.

68. *Articles sur les « Mémoires de l'Académie royale des Sciences de l'Institut de France ».* Paris, 1818-1854, 24 vol. in-4.

Ier Article.

Tomes I-II. — Mém. sur le sucre de betterave, par le comte Chaptal, p. 415.

Recherches sur la durée de la gestation et de l'incubation dans la famille de plusieurs quadrupèdes et oiseaux domestiques, par Tessier, p. 420.

Mém. sur le moyen employé par les rainettes pour s'élever le long des corps même les plus lisses, par Labillardière, p. 420.

2e Article.

Tomes III à VII. — Mém. sur la combinaison de l'oxygène avec l'eau et sur les propriétés extraordinaires que possède l'eau oxygénée, par Thénard, p. 712.

Mém. sur les inflammations des intestins ou les entérites qui surviennent dans les maladies du foie, par Portal, p. 747.

Note sur la propriété que possèdent quelques métaux de faciliter la combinaison des fluides élastiques, etc., par Dulong et Thénard, p. 748.

Mém. sur l'état de la végétation au sommet du Pic du Midi, à Bagnères, par Ramond, p. 719.

Nouvelle description du binincasa cerifera de Savi, plante de la famille des cucurbitacées, par Delile, p. 751.

Journal des Savants, 1828, p. 415-421, 742-752.

3ᵉ ARTICLE.

TOME VIII. — Mém. sur l'origine, le développement et l'organisation du liber et du bois, par Mirbel, p. 553.

Recherches sur la manière de discuter les analyses chimiques, pour parvenir à déterminer exactement la composition des minéraux, par Beudant, p. 556.

Journ. des Savants, 1830, p. 552-564.

1ᵉ ARTICLE.

TOME IX. — Quelques considérations sur les fièvres putrides devenues malignes, par Portal, p. 5.

Observations et remarques sur la nature et le traitement de l'hydropisie, etc., par Portal, p. 7.

Nouvelles expériences sur le système nerveux, par Flourens, p. 7.

Expériences sur les canaux semi-circulaires de l'oreille dans les oiseaux et dans les mammifères, par Flourens, p. 9.

Mémoire sur l'électro-chimie et l'emploi de l'électricité pour opérer des combinaisons, par Becquerel, p. 11.

Nouvelles recherches sur la structure et le développement de l'ovule, par Mirbel, p. 15.

Journ. des Savants, 1831, p. 4-18.

5ᵉ ARTICLE.

TOMES X à XVII. — Partie anatomique, p. 527.

Théorie des formations et des déformations organiques appliquée à l'anatomie de Ritta-Christina, et de la duplicité monstrueuse, par M. Serres, p. 531.

6ᵉ ET 7ᵉ ARTICLES.

Suite de la critique des ouvrages de M. Serres, p. 670 et 704.

Journ. des Savants, 1840, p. 527-534, 670-683, 705-723.

69. *Rapport sur un mémoire de M. Donné, ayant pour titre : « De l'emploi de l'iode et du brome comme réactifs des alcalis végétaux », et considérations sur l'usage des réactifs en général.*

Réaction de la vapeur d'iode sur les alcalis végétaux, p. 84.

Réaction de la vapeur de brome, etc., p. 85.

Réaction de la vapeur du chlorure d'iode, p. 86.

Première circonstance de l'emploi des réactifs pour reconnaître des espèces isolées, p. 91.

Deuxième circonstance de l'emploi des réactifs pour reconnaître une espèce unie ou mélangée avec plusieurs autres, p. 94.

Ann. de Chimie XXXVIII, 1828, p. 82-102.

70. *Article sur « Répertoire des mines ou recueil des lettres, patentes, règlements, mémoires et notices sur les substances minérales des Etats de S. M. le roi de Sardaigne ».* Turin, 1815-1825, 2 vol. in-8, 1826.

Journ. des Savants, 1828, p. 111-114.

1829.

71. *On the fatty matter of wool* (trad.).

Quart. Journ. Sc. I, 1829, p. 197-198.

72. *Article sur « Manipulations chimiques, par Faraday, traduit de l'anglais par M. Maiseau, et revu, pour la partie technique, par M. Bussy ».* Paris, 2 vol. in-8, 1827.

Journ. des Savants, 1829, p. 515-522.

1830.

Paris. Mém. Acad. Sc. XI, 1832, p. 447-520.
Ferussac. Bull. XIII, 1830, p. 113-114.
Quart. Journ. Sc. I, 1830, p. 409-410.

74. *Leçons de chimie appliquée à la teinture*. Paris, Pichon et Didier, 3 vol. in-8, 1829-1830.

L'ouvrage se compose de 30 leçons.

28° et 29ᵉ Leçons. — Des composés définis ternaires et quaternaires, etc., neutres aux réactifs colorés, qu'on ne peut encore considérer comme des composés immédiats, soit d'un comburant simple ou composé uni à un combustible composé ou simple, soit de deux composés, dont l'un fait fonction d'acide et l'autre fait fonction d'alcali, 70 p.

30ᵉ Leçon. — Composés indéfinis, ou mélanges de plusieurs principes immédiats organiques : huile, graisse, savon, indigo, pastel, campêche, santal, * curcuma, orseille, etc., 264 p.

75. *Article sur : « Éléments pratiques d'exploitation, contenant tout ce qui est relatif à l'art d'explorer la surface du terrain, d'y faire des travaux de recherches et d'y établir des exploitations réglées ; la description des moyens employés pour l'extraction et le transport souterrain des minerais et des combustibles ; les diverses méthodes de boiser ; murailler, aérer et assécher les mines ; les secours à donner aux noyés, asphyxiés et brûlés, etc., par M. Brard.* Paris, in-8, 1829, 1 vol.

Journ. des Savants, 1830, p. 301-310.

1832.

76. *Discours prononcé aux funérailles de Serrulas, le 26 mai 1832.*

77. *Articles sur : « Manuel de la métallurgie du fer, par C. Karsten, trad. de l'allemand par F.-J. Culmann ».* 2ᵉ édition, Metz, 1830, 3 vol. in-8.

1ᵉʳ Article. — Des propriétés du fer, 1832, p. 15-28.

* Bull. Soc. Encourag. XXX, 1831, p. 94-97. (Art. de M. Gaultier de Claubry.)

78. *Examen chimique d'un sable fertilisant (sable de Cherbourg).*

Paris. Mus. Hist. nat. N. Ann. I, 1832, p. 131-134.

79. *Rapport sur le bouillon de la Compagnie hollandaise.*

Considérations relatives à sa préparation, à sa distribution, à son prix et au jugement du consommateur, p. 283.

Composition chimique, p. 288.

1. Recherches des matières volatiles séparées pendant la coction de la viande, p. 289.

2. Principes immédiats de la décoction de viande, p. 290.

3. Recherches pour savoir si le bouillon préparé en faisant chauffer lentement la viande dans l'eau jusqu'à l'ébullition est préférable à celui préparé en plongeant la viande dans l'eau bouillante, p. 293.

4. Examen comparé du bouillon de la Compagnie hollandaise et de celui préparé à l'hôpital du Val-de-Grâce, p. 295.

Vues sur l'influence de la chaleur dans la préparation des aliments, p. 299.

Paris. Mus. Hist. nat. N. Ann. I, 1832, p. 283-305.
Journ. de Pharm. XXI, 1835, p. 231-242.
Edimb. Journ. Prak. Chem. VI, 1835, p. 120-130.
Tirage à part, imprimé par ordre de l'Acad. 1 br. in-8, 12 p.
Mém. Soc. Agric. de France, 1850, in-8, 36 p.

80. *Six notes de M. Chevreul relatives au sujet précédent.*

1. Sur une nouvelle substance contenue dans la chair du bœuf (*la créatine*), p. 307.

2. Examen et analyse d'un excellent bouillon, p. 308.

3. Sur le cuivre contenu dans le froment, p. 310.

4. Sur les phénomènes que présente la cuisson de plusieurs sortes de viande (veau, bœuf, mouton), p. 310.

5. Sur les phénomènes que représentent quelques légumes, lorsqu'on les cuit dans l'eau distillée et dans l'eau de chlorure de sodium, p. 312.

6. Influence de diverses eaux sur la cuisson de la viande de bœuf, p. 316.

Paris. Mus. Hist. nat. N. Ann. I, 1832, p. 306-316.

Mém. Soc. Agric. de France, 1850, in-8, 36 p.

81. *Neues eigenthümliches stickstoffhaltiges Princip, im Muskelfleisch aufgefunden* (trad.).

Schweigger. Journ. LXV, 1832, p. 455-456.

1833.

82. *Sur une clause particulière de mouvements musculaires.*

Arch. gén. de Méd. II, 1833, p. 130-137.

Froriep. Notiz. XXXVIII, 1833, p. 257-263.

83. *Rapport sur un Travail de M. Guérin ayant pour titre : « Mémoire sur les diverses espèces de gommes ».*

De l'arabine, p. 130.

De la bassorine, p. 131.

De la cérasine, p. 132.

Paris. Mus. Hist. nat. N. Ann. II, 1833, p. 126-136.

84. *Rapport sur un mémoire de M. Bussy : « Recherches chimiques sur une racine connue dans le commerce sous le nom de saponaire d'Egypte ».*

Paris. Mus. Hist. nat. N. Ann. II, 1833, p. 347-356.

1834.

85. *Articles de M. Chevreul sur : « Résumé des connaissances positives actuelles sur les qualités, le choix
et la convenance réciproque des matériaux propres à la fabrication des mortiers et des
ciments, etc., par M. L.-J. Vicat »*. Paris, 1828,
1 vol. in-8.

1er Article, p. 229-237.

1re Section. — Chaux diverses ou ferruments des
mortiers et ciments calcaires, p. 232.

2e Article, p. 269-279.

2e Section. — Des matières qui concourent avec la
chaux à la fabrication des mortiers et ciments
calcaires, p. 269.

3e Section. — Confection des mortiers et des ciments,
p. 272.

Journ. des Savants, 1834, p. 229-237, 269-279.

86. *Rapport sur plusieurs mémoires présentés à l'Académie des Sciences ayant pour objet la fécule
amylacée ou l'amidon.*

1. Amidon sous le rapport anatomique, p. 242.

2. Amidon au point de vue physiologique, p. 244.

3. Amidon sous le rapport chimique, p. 247.

Conversion de l'amidon en une matière soluble dans
l'eau froide par la chaleur, p. 249.

Conversion de l'amidon en matière sucrée, et en
matière dite gommeuse, par les acides, p. 251.

Conversion de l'amidon en matière sucrée par le
gluten, p. 255.

Conversion de l'empois d'amidon abandonné à lui-
même en matière sucrée et plusieurs autres matières, p. 256.

Action de l'orge germée sur l'amidon, p. 256.

Revue des Travaux de M. Raspail, p. 260; de M. Caven-
ton, p. 262 ; de Guibourt, p. 263 ; de M. Dubrun-
faut, p. 264 ; de MM. Biot et Persoz, p. 266 ; de
M. Th. de Saussure, p. 272.

Amidon tégumentaire, p. 283. Amidon soluble,
p. 284.

Paris. Mus. Hist. nat. Ann. III, 1834. N. Ann p. 239-306.
Erdm. Journ. Prak. Chem. II, 1834, p. 382-396.
Liebig. Ann. XVI, 1835, p. 216-224.

87. *Rapport sur un mémoire de M. Pelouze : « Mémoire
sur le tannin et les acides gallique, pyrogallique,
ellagique et métagallique ».*

Lu à l'Académie le 31 mars 1834.

Paris. Mus. Hist. nat. N. Ann. III, 1834, p. 201-216.

88. *Examen d'un caractère optique à l'aide duquel on
reconnaît immédiatement, d'après M. Biot, les sucs
végétaux qui peuvent donner du sucre analogue
au sucre de canne, et ceux qui ne peuvent donner
que du sucre semblable au sucre de raisin.*

I. De ce qu'on peut dire contre l'importance du caractère optique :

1. Dans l'analyse organique immédiate, p. 308.

2. Dans la définition des espèces chimiques, p. 311.

II. Utilité dont peut être le caractère optique :

1. Pour les arrangements divers des atomes ou des
particules d'une même espèce, p. 316.

2. Pour l'appréciation des changements qui peuvent
survenir dans des espèces déterminées mêlées
ensemble, p. 318.

3. Comme réactif ou indice dans la recherche des
espèces chimiques d'origine organique, p. 319.

Paris. Mus. Hist. nat. N. Ann. III, 1834, p. 307-320.
Tylor. Scientif. Mém. I, 1837, p. 591-600.

89. *Articles de M. Chevreul à propos des ouvrages de M. Péclet.*

1° *Traité de l'éclairage.* Paris, 1827, 1 vol.

2° *Traité de la chaleur et de ses applications aux arts et manufactures*, Paris, 1828, 2 vol in-8.

1er ARTICLE.

Traité de l'éclairage. — Considérations générales sur la lumière. — Éclairage par les matières solides, p. 88.

2e ARTICLE.

Éclairage par le gaz. — Comparaison des différents systèmes d'éclairage. — Appareils destinés à produire instantanément la lumière, p. 193.

3e ARTICLE.

Traité de la chaleur. — Principes généraux, p. 528.

4e ARTICLE.

Applications des principes, p. 705.

Journ. des Savants, 1835, p. 88, 193, 528, 705.

90. *Recherches chimiques sur la teinture.*

PREMIER MÉMOIRE

Lu à l'Académie le 4 janvier 1836.

Introduction, p. 384.

Considérations générales sur la teinture, p. 387.

    1. Préparation des étoffes, p. 392.

    2. De l'action mutuelle des étoffes et des corps simples, p. 393.

    3. De l'action mutuelle des étoffes et des acides.

    4. De l'action mutuelle des étoffes et des bases salifiables, p. 394.

5. De l'action mutuelle des étoffes et des sels,
   p. 394.
6. De l'action mutuelle des étoffes, des composés
   non salins neutres aux réactifs colorés, des
   acides, des bases salifiables et des sels, p. 395.
7. De l'action mutuelle des étoffes, des acides, des
   bases salifiables, des sels et des matières tinctoriales complexes d'origine organique, p. 397.
8. Stabilité de la couleur des étoffes teintes, relativement à la chaleur, à la lumière, l'eau,
   l'oxygène, l'air, les débouillis et les réactifs,
   p. 401.

Mém. Acad. Sc. XV, 1838, p. 383-407.

DEUXIÈME MÉMOIRE

Lu à l'Académie le 21 mars 1836.

*Des proportions d'eau que les étoffes absorbent dans
des atmosphères à 65°, 75°, 80° et 100° de l'hygro-
mètre de Saussure*, p. 409.

Mém. Acad. Sc. XV, 1838, p. 408-418.

TROISIÈME MÉMOIRE

Lu le 2 janvier 1837 à l'Académie.

*Introduction aux 3ᵉ, 4ᵉ, 5ᵉ et 6ᵉ Mémoires de ces
recherches.*
*De l'action de l'eau pure sur des étoffes teintes avec
différentes matières colorantes.*

Mém. Acad. Sc. XVI, 1838, p. 41-51.

QUATRIÈME MÉMOIRE

Lu à l'Académie le 2 janvier 1837.

*Des changements que le curcuma, le rocou, le car-
thame, l'orseille, l'acide sulfo-indigotique, l'indigo
et le bleu de Prusse, fixés sur des étoffes de coton,*

Mém. Acad. Sc. XVI, 1838, p. 53-116.

CINQUIÈME MÉMOIRE

Lu à l'Académie le 7 août 1837.

*Des changements que le curcuma, le rocou, etc., et
les autres matières colorantes éprouvent de la
part de la chaleur et des agents atmosphériques,*
p. 181.

SIXIÈME MÉMOIRE

Lu à l'Académie le 7 août 1837.

Sur plusieurs changements de couleur qu'éprouvent le bleu de Prusse fixé sur les étoffes ; et appendice à ce mémoire contenant : Quelques considérations générales et inductions relatives à la matière des êtres organisés vivants, p. 491.

Mém. Acad. Sc. XIX, 1845, p. 491-531.

1ʳᵉ Note de M. Chevreul sur quelques propriétés du bleu de Prusse, relative au renvoi de la page 518 *du tome XIX de ces Mémoires.*

Bleu de Prusse qui a perdu sa couleur à 170°, p. 5.
Décomposition du bleu de Prusse dans l'eau bouillante, p. 7.

2ᵉ Note relative à l'action de la lumière sur le bleu de Prusse exposé au vide, p. 11-15.

Lue à l'Académie le 17 septembre 1849.

Appendice au sixième Mémoire : Considérations générales et inductions relatives à la matière des êtres vivants, p. 16-34.

Lu le 7 août 1837 à l'Académie.
Mém. Acad. Sc. XXIII, 1853, p. 3-7, 11-15, 16-34.

SEPTIÈME MÉMOIRE

Lu à l'Académie le 20 avril 1840.

* *Sur la composition immédiate de la laine, sur la théorie de son désuintage et sur quelques propriétés dérivées de sa composition immédiate qui peuvent avoir de l'influence dans les travaux industriels dont elle est l'objet.*

Paris. Comp.-Rend. X, 1840, p. 631-640.

HUITIÈME MÉMOIRE

Lu à l'Aca lémie le 23 novembre 1846.

Considérations sur la théorie de la teinture et application de cette théorie au perfectionnement de plusieurs procédés pratiques en général, et à celui de la teinture d'indigo en particulier (Teinture dite en bleu de cuve).
Fixage de l'indigotine sur les étoffes de laine et de coton, p. 425.

Mém. Acad. Sc. XXIV, 1854, p. 409-432.

NEUVIÈME MÉMOIRE

Lu à l'Académie le 6 juin 1854.

De l'action que des corps solides peuvent exercer, en conservant leur état, sur un liquide tenant en solution un corps solide ou liquide.

Ire PARTIE.

Application de la méthode à la recherche de l'affinité mutuelle de la chaux et des différents matériaux des mortiers, p. 440.

---

* M. Chevreul, n'ayant pas eu le temps de joindre des additions qu'il avait jugées nécessaires depuis la lecture à l'Académie de ce mémoire, a été forcé d'en ajourner la publication après les 8e, 9e et 10e Mémoires.

2ᵉ PARTIE.

Application de la méthode à des solides de la nature
organique, p. 447.

Mém. Acad. Sc. XXIV, 1854, p. 433-509.

DIXIÈME MÉMOIRE

Lu à l'Académie le 29 mai 1826.

*De l'action de l'indigotine et du bleu de Prusse sur
la soie.*

1ʳᵉ PARTIE.

Recherches sur la dégradation de l'indigotine appliquée sur la soie, p. 512.

2ᵉ PARTIE.

Recherches sur la dégradation du bleu de Prusse
appliqué sur la soie, p. 517.

Mém. Acad. Sc. XXIV, 1854, p. 511-547, avec 1 pl.

ONZIÈME MÉMOIRE

Lu à l'Académie les 25 février, 22 et 29 avril, 6 et 13 mai 1861.

1re Partie.

2e Partie.

Mém. Acad. Sc. XXXIV, 1864, p. 1-431.

DOUZIÈME MÉMOIRE

Lu à l'Académie le 2 décembre 1861.

*De l'influence en teinture que des matières étran-
gères à la composition chimique de la laine, de la*

*soie et du coton, exercent sur des échantillons de
ces étoffes qui contiennent ces matières étrangères,
soit naturellement, soit accidentellement.*

I. Passage des étoffes à l'acide chlorhydrique, p. 435.

II. Passage des étoffes aux mordants, p. 443.

III. Passage des étoffes à la matière colorante, p. 445.

IV. Examen des couleurs des étoffes teintes au point
de vue optique, p. 447.

V. Examen des couleurs teintes au point de vue de
leur stabilité respective, p. 471.

Mém. Acad. Sc. XXXIV, 1864, p. 433-512.

*Introduction aux 13ᵉ et 14ᵉ mémoires des recherches
chimiques sur la teinture.*

Lue à l'Académie le 28 avril 1862.

Mém. Acad. Sc. XXXIV, 1864, p. 513-518.

TREIZIÈME MÉMOIRE

Lu à l'Académie le 28 avril 1862.

*De l'influence de l'eau distillée, de l'eau de Seine et
de l'eau d'un puits de Paris, sur la couleur de la
laine, de la soie et du coton, purifiés par l'acide
chlorhydrique, puis soumis à l'alun ou à l'alun
et au tartre, ensuite passés dans des bains colorants de campêche, de brésil, de cochenille, de
garance, de fustet, de bois jaune, de quercitron,
de sumac et de gaude.*

Mém. Acad. Sc. XXXIV, 1864, p. 518-604.

QUATORZIÈME MÉMOIRE

Lu à l'Académie le 28 avril 1862.

*De l'influence de l'eau distillée et de l'eau saturée
de sulfate de chaux pur, de l'eau saturée de craie,
de l'eau chargée de carbonate acide de chaux, et
de l'eau saturée de pierre à plâtre, dans la teinture de la laine, de la soie et du coton.*

Mém. Acad. Sc. XXXIV, 1864, p. 605-836.

MATIÈRES COLORANTES ÉTUDIÉES DANS CES MÉMOIRES :

*Noix de Galle, cochenille, garance, bois du Brésil, bois de Campêche, bois de fustet, bois jaune, bois quercitron, bois gaude, bois sumac, acide picrique, carthame, rocou, curcuma, graines d'Avignon, brou de noix, bleu de Prusse, indigo, acide sulfo-indigotique, orseille.

NOTES BIBLIOGRAPHIQUES.

Paris. Mém. Acad. XV, 1838, p. 383-418.
Paris. Mém. Acad. XVI. 1838, p. 41-116, 181-228.
Paris. Mém. Acad. XVII, 1840, p. 835-861.
Paris. Mém. Acad. XIX, 1845, p. 491-552.
Paris. Mém. Acad. XXIII, 1853, p. 17-34.
Paris. Mém. Acad. XXIV. 1854, p. 407-418.

Paris. Mus. Hist. nat., N. Ann. IV, 1835, p. 409-424.
Paris. Mus. Hist. nat. Archiv. I, 1839. p. 39-114, 337-382.
Paris. Mus. Hist. nat. Archiv. II, 1841, p. 201-215.
Paris. Mus. Hist. nat. Archiv. IV, 1844, p. 345-428.
Revue scientifique XII, 1847, p. 305-356.
Revue scientifique XIV, 1847, p. 5-13, 214-230, 416-469.
Revue scientifique XV, 1847, p. 40-75.
Sturgeon. Ann. Elect. II, 1838, p. 217-226.
Ann. de Chimie LXVI, 1837, p. 67-84.
Bibl. Univ. IX, 1837, p. 186-192.
Moniteur scientif., 1861, p. 144, 257, 261, 297, 504, 630.

91. *Articles sur « Traité des essais par voie sèche, ou des propriétés de la composition ou de l'essai des substances métalliques et des combustibles, à l'usage des ingénieurs des mines, des exploitants et des directeurs des mines, par M. Berthier »*, Paris, 1831, 2 vol. in-8.

PREMIER ARTICLE.

Chap. I. — Description générale des opérations qui nécessitent les essais par la voie sèche, p. 424.

Chap. II. — Fourneaux, p. 426.

Chap. III. — Opérations qui se font sur des petites quantités de matière au feu du chalumeau et dans des tubes de verre, p. 127.

DEUXIÈME ET TROISIÈME ARTICLES.

Chap. IV. — Combustibles, p. 427.

Chap. V. — Réactifs, p. 553.

Chap. VI. — Métaux en général, p. 564-705-714.

Journ. des Savants, 1836. p. 422-429, 553-565, 705-714.

92. *Rapport sur un mémoire de M. Courbe, intitulé : « Premier mémoire sur la chimie du sulfure de carbone ».*

Paris. Comp.-Rend. II, 1836, p. 523-528.

1837.

93. *Discours prononcé aux funérailles de M. L. de Jussieu, le 26 mai 1836.*

94. *Rapport sur un travail ayant pour titre : « Mémoire sur la glycérine, par M. Pelouze ».*

Paris. Comp.-Rend. IV, 1837, p. 366-367.

95. *Rapport sur un travail de M. Péligot : « Mémoire sur un acide résultant de l'action du brome sur le benzoate d'argent ».*

Paris. Comp.-Rend IV, 1837, p. 453-456.

96. *Rapport sur un travail de M. Lassaigne : « Recherches sur la nature et les propriétés du composé que forme l'albumine avec le bichlorure de mercure ».*

Paris. Comp.-Rend. IV, 1837, p. 491-495.

97. *Rapport sur un mémoire de M. Fremy : « De l'action de l'acide sulfurique sur les huiles ».*

Paris. Comp.-Rend. IV, 1837, p. 846-852.

98. *Quelques considérations générales et inductions relatives à la matière des êtres vivants.*

Journ. des Savants, 1837, p. 663-674.
Journ. de Pharm. V, 1837, p. 29-40.
Mém. Acad. Sc. XXIII, 1853, p. 17-34.

99. *De la nature et de la cause des taches qui se produisent sur des étoffes de laine pendant que l'on fixe, au moyen de la vapeur, les matières colorantes qu'on y a imprimées.*
1. Nature des taches, p. 884.

2. Cause qui fait apparaître les taches, p. 885.

3. Recherche du cuivre dans les tissus de laine du commerce, avant leur passage à la vapeur, p. 885.

4. Dans quelle intention a-t-on imprégné les étoffes de laine d'un sel cuivreux ? p. 888.

5. Le perchlorure d'étain aqueux appliqué sur des tissus de laine peut donner lieu à des taches d'un jaune orangé moins rouge et moins brun que celles qui sont produites par les sels cuivreux, lorsque les étoffes qui en ont été imprégnées sont soumises à l'action de la vapeur, p. 886.

6. La laine en fil destinée à l'usage de la tapisserie peut être mêlée de matières métalliques qui lui donnent la propriété de noircir, soit spontanément par la réaction du soufre qui est un des éléments de la laine ordinaire, soit par l'acide hydrosulfurique qui peut se trouver dans l'atmosphère où elle est placée, p. 889.

7. Réflexions sur quelques points de l'industrie dont la laine est la matière première, p. 890.

Paris. Comp.-Rend. V. 1837, p. 881-892.
Bull. Soc. Encourag. XXXVII, 1838, p. 126-128.

1838.

100. *Fabrication de la marne et de la chaux pour servir comme amendement.*

Bull. Soc. cent. Agric. Paris, I, 1838, p. 193-194.

101. *Observations sur l'extraction de l'indigo du Polygonum.*

Bull. Soc. cent. Agric. Paris, I, 1838, p. 308.

102. *Mémoires pour servir à une Description géologique
de la France, par MM. Dufrénoy et Elie de Beaumont, rédigés par ordre de M. le Directeur de
l'Administration des Ponts et Chaussées et des
Mines, sous la direction de M. Brochant de
Villers.*

1er ARTICLE.

Mém. sur les caractères particuliers que présente le
terrain de craie dans le sud de la France, et particulièrement sur la pente des Pyrénées ; par Dufrénoy,
p. 476.

Mém. sur la relation des ophites, du gypse et des
sources salées des Pyrénées, et sur l'époque à
laquelle remonte leur apparition, p. 479.

Mém. sur la nature et la position géologique des
marbres désignés sous le nom de calcaires amygda-
lins; par Dufrénoy, p. 480.

2e ARTICLE.

Mém. sur les terrains tertiaires du midi de la France;
par Dufrénoy, p. 576.

Observations sur l'étendue du système tertiaire infé-
rieur dans le nord de la France, et sur les dépôts
de lignites qui s'y trouvent; par Elie de Beaumont,
p. 581.

Mém. sur la position géologique du terrain siliceux
de la Brie et des meulières des environs de la Ferté ;
par Dufrénoy, p. 582.

Journ. des Savants, 1838, p. 375-381 ; 569-583.

3e ARTICLE.

Mém. sur les groupes du Cantal, du Mont-Dore, et
sur les soulèvements auxquels ces montagnes doivent
leur relief actuel; par Dufrénoy et Elie de Beaumont,
p. 451.

Faits pour servir à l'histoire des montagnes de Soisans; par Elie de Beaumont, p. 455.

Sur quelques points de la question des cratères de soulèvement, etc., par Elie de Beaumont, p. 458.

4ᵉ ARTICLE.

Recherches sur la structure et sur l'origine du mont Etna ; par Elie de Beaumont, p. 609.

5ᵉ ARTICLE.

Mém. sur les terrains volcaniques des environs de Naples, par Dufrénoy, p. 681.

Parallèle entre les différents produits volcaniques des environs de Naples, et rapport entre leur composition et les phénomènes qui les ont produits, p. 681. Laves du Vésuve, p. 691.— Laves de la Somma, p. 691. — Tuf de Naples, p. 692.

Examen chimique et microscopique de quelques cendres volcaniques, p. 692.

Journ. des Savants, 1839, p. 449-465; 609-619; 681-694.

103. *Discours prononcé aux funérailles de M. Dulong, le 20 juillet 1838.*

104. *Sur les premiers essais faits en France pour extraire la matière colorante du polygonum tinctorium; remarques à l'occasion d'un mémoire de M. Jausse Saint-Hilaire sur les indigofères asiatiques.*

Paris. Comp.-Rend. VII, 1838, p. 123-124.

105. *Remarques à propos d'un échantillon d'indigo du polygonum tinctorium, présenté par M. Vilmorin.*

Paris. Comp.-Rend. VII, 18 , p. 1027-1028.

106. *De la loi du contraste simultané des couleurs, et de l'assortiment des objets colorés considérés d'après cette loi dans ses rapports avec la peinture, les tapisseries des Gobelins, les tapisseries de Beauvais, pour meubles, les tapis, la mosaïque, les vitraux colorés, l'impression des étoffes, l'imprimerie, l'enluminure, la décoration des édifices, l'habillement et l'horticulture. — Paris. Pitois-Levrault, 1839. 1 vol. in-8, XV, p. 735, et 1 atlas in-4°, 40 pl.*

1840. — Die Farben harmonie, etc. Stuttgard, 1840, in-18, 400 p., 1 pl.

1848. — Chevreul. Harmonie der Farben, J. Vortragen von Schinz. Stuttgard, 1848, in-12, 62 p.

1854. — The principles of Harmony and contrast of colours, and their applications to the arts, etc. Trad. de Charles Martel, Londres, 1854, in-8, 432 p., 5 pl.

The Laws of contrast of colours, and their applications to the arts, etc. Trad. de John Spanton. Londres, in-12, 243 p. pl.

1re PARTIE.

De la loi du contraste simultané des couleurs sous le point de vue scientifique ou abstrait.

1. Démonstration par la voie de l'expérience ; manière d'observer les phénomènes ; définition du contraste ; démonstration expérimentale, etc., p. 7.

2. De la distinction du contraste simultané, du contraste successif et du contraste mixte des couleurs, et rapport des expériences faites

---

* En 1854, il a paru, aux États-Unis, une traduction de la *Loi du contraste simultané des couleurs*.

The principles of harmony and contrast of colours. The Artist., 2 septembre 1854; The Athenacum, 3 fév. 1855.

107. *Discours prononcé à la réunion des cinq Académies, le 2 mai* 1839.
Publié aussi dans les *Lettres à M. Villemain*, p. 233-261.

108. *Sur la culture de la garance dans Seine-et-Marne.*
Bull. Soc. cent. Agric. I, 1838-39, p. 310-312.

109. *Discours prononcé au roi Louis-Philippe, le
1ᵉʳ mai* 1839.

110. *Rapport sur l'épizootie qui a frappé les vaches de
Pàris pendant l'hiver de* 1838-1839 (*maladie
appelée vulgairement la cocote*).
Paris. Comp.-Rend. VIII, 1839, p. 353, 380-406.
Edimb. N. Phil. Journ. XXVII, 1839, p. 111-123.

1. Examen de la note de M. Donné sur le lait des
vaches attaquées de la cocote, p. 383.
2. Des recherches de la Commission et de celles qui
sont parvenues à sa connaissance, relativement
à la nature chimique du lait des vaches attaquées
de la cocote, p. 384.
3. Des effets qui peuvent résulter de l'usage du lait
des vaches malades, p. 389.
4. Des recherches qu'il conviendrait d'entreprendre,
afin que la chimie put donner toutes les
lumières qu'on peut espérer d'elle dans le cas
d'épizootie, d'épidémie ou de maladie conta-
gieuse, etc., p. 406.

Questions concernant la nature des matières organiques, p. 391.

Questions concernant la nature des matières du monde
extérieur en rapport avec les êtres organisés, p. 402.

111. *Rapport au Jury central de l'Industrie,* 1839-1844.
Cinquième Section. Matières tinctoriales. Blanchiment des étoffes. Papiers peints. Br. in-8.

Résumé et conclusions, p. 402-403.

1. Examen des notes de M. Donné, p. 402.
2. Effets qui peuvent résulter de l'usage du lait des vaches malades, p. 402.
3. Recherches qu'il conviendrait d'entreprendre, non-seulement dans le cas de retour de l'épizootie, mais encore dans les cas où des maladies épidémiques, contagieuses et d'infection, se développent, p. 403.

1840.

112. *Recherches physico-chimiques sur la teinture.*

Mémoire lu à l'Académie le 27 janvier 1840.

1. Du principe de mélange des couleurs sous le point de vue abstrait, p. 121.
2. Du principe de mélange des couleurs sous le point de vue de l'application, p. 122.

Application du principe à la formation du noir, p. 122.

Application du principe à la formation des brunitures, p. 123.

Application du principe au blanchiment, p. 123.

Paris. Comp.-Rend. X, 1840, p. 121-125.
Mém. Acad. Sc. XXVII, 1840, p. 835-850.

113. *Recherches chimiques sur la teinture. — De la matière grasse de la laine et théorie du désuintage.*

Journ. de Pharm. XXIV, 1840, p. 423-426.
Ext. des recherches sur les teintures. (Comp.-Rend. Acad. Sc.) X, 1840, p. 631-639.
Erdm. Journ. fur Prast. Chem. XX, 1841, p. 227-237.

114. *Quantité d'air nécessaire à la respiration d'un cheval.*

Rapport lu dans le Comité secret de la séance du 3 juillet 1840.
Paris. Comp.-Rend. XI, 1840, p. 223-226.

3ᵉ Article.

Journ. des Savants, 1841, p. 577-587, 720-737; 1842, p. 273-288.

119. *Sur l'emploi du caoutchouc comme moyen de fermeture pour les vases destinés à conserver le vide.*

Paris. Comp.-Rend. XIII, 1841, p. 791, 797-798.
Journ. fur Prak. Chem. XXVI, 1842, p. 38-42.

120. *Remarques relatives à des expériences de M. Peyron, sur la perméabilité de certains caoutchoucs.*

Paris. Comp.-Rend. XIII, 1841, p. 824-825.

121. *Discours prononcé aux funérailles de M. Audouin le 11 novembre 1841.*

1842. .

122. *Rapport sur un mémoire de M. Ebelmen : « Recherches sur la composition et l'emploi du gaz des hauts-fourneaux ».*

Examen du gaz du haut-fourneau d'Audincourt,
p. 467.
2. Théorie des hauts-fourneaux, p. 468.
3. Emploi des gaz du haut-fourneau comme combustible, p. 473.

Paris. Comp.-Rend. XIV, 1842, p. 461-477.

123. *Note sur les matières grasses de la laine.*

Paris. Comp.-Rend. XIV, 1842, p. 783-785.

124. *Observations sur la dessication des meules de foin.*

Bull. Soc. cent. Agric. II, 1841-42, p. 142.

125. *De l'emploi de la chaux en agriculture.*

Bull. Soc. cent. Agric II, 1841-42, p. 313-314.

126. *Rapport sur le programme des prix proposés par la Société d'Agriculture de Caen, pour la fabrication du cidre.*

Bull. Soc. cent. Agric. II, p. 1841-42, p. 365-366.

127. *M. E. Chevreul à MM. les Electeurs du XIIe arrondissement. Discours fait le 29 juin 1842, au Muséum d'Histoire naturelle.*

1843.

128. *Articles de M. Chevreul, à propos de l'histoire de la Chimie, de M. Hoëfer, 1842, 2 vol. in-8. 1843-51.*

Ier ARTICLE.

Etendue de la chimie. — Diverses classes de connaissances chimiques. — Notions qui peuvent paraître indépendantes de la chimie. — Conclusion relative à la manière de composer une histoire de la chimie.

Journ. des Savants, 1843, p. 65.

8ᵉ ET 9ᵉ ARTICLES.

Histoire de la chimie, XVIIᵉ siècle. Van Helmont,
p. 71-79, 136-153.

Journ. des Savants, 1850, p. 71-79, 136-153.

10ᵉ ARTICLE.

Robert Boyle, p. 284.
Robert Fludd, p. 292.
Jean-Rodolphe Glauber, p. 293.

Journ. des Savants, 1850, p. 284-302.

11ᵉ ARTICLE.

Jean Kunckel de Loewenstern, p. 735. — (Art de la
verrerie), p. 737.
Angelus Sala, p. 738.
Otto Tachenius ou Tacken, p. 739.
Guillaume Homberg, p. 740.

Médecins-Chimistes.

Davissone, Michell Ettmüller, François Sylvius ou del
Boë, Dubois, 1604-1672, p. 711.
Frédéric Hoffman, 1660-1743, p. 712.

Pharmaciens.

Nicolas Lefébure, p. 743.
Christophle Glaser, p. 744.
Nicolas Lemery, p. 744.
Joachim Becher, p. 746.
Jean Rey, p. 747.
Jean Mayow, p. 749.

Journ. des Savants, 1850, p. 734-751.

12ᵉ ARTICLE.

Etienne Hales, 1677-1761, p. 98.
Joseph Black, 1728-1799, p. 99.

Journ. des Savants, 1851, p 97-115.

13ᵉ Article.

7. Stahl a méconnu l'existence des gaz et l'action chimique de l'air, p. 176.

Journ. des Savants, 1851, p. 160-178.

14ᵉ ET DERNIER ARTICLE.

J. Pott, 1692-1777, p. 217.
J.-Th. Eller, 1689-1760, p. 218.
Gaspard Neumann, 1683-1737, p. 218.
André-Sigismond Marggraf, 1709-1780, p. 218.
Georges Brandl, 1694-1768, p. 220.
Jean Goltschalk Walleriüs, 1709-1785, p. 220.
Emmanuel Swedenborg, p. 220.
Swab, p. 220.
Alex.-Frédéric Cronstedt, 1722-1765, p. 220.
Henri-Théophile Scheffer, 1710-1759, p. 221.
Faggot, p. 221.
Brouwall, p. 221.
Funck, p. 221.
Rinmann, Eugestroëm, Bergius, Quist, Retzius, Gadd, p. 221.
Torbern Bergmann, 1735-1784, p. 221.
Charles-Guillaume Scheele, 1742-1786, p. 222.
Joseph Priestley, 1733-1804, p. 225.

Journ. des Savants, 1851, p. 217-229.

1844.

129. *Remarques à l'occasion d'un rapport de M. Séguier sur un mémoire de M. Donné, sur la conservation du lait.*

Paris. Comp.-Rend. XVII, 1884, p. 597-598.

130. *Rapport sur plusieurs mémoires de M. Ebelmen, concernant la métallurgie du fer et l'emploi des combustibles gazeux.*

1. De l'emploi du gaz des hauts-fourneaux au charbon de bois, et théorie de la réduction du minerai de fer, p. 5.

2. De la composition et de l'emploi des gaz qui se dégagent des foyers d'affinerie, et de la théorie de l'affinage de la fonte au charbon de bois, p. 5.

3. De la composition et de l'emploi des gaz des hauts-fourneaux chauffés au coke, p. 14.

4. De l'emploi des gaz des fours à puddler chauffés avec la houille, et de ceux des fours à rechauffer le fer, p. 20.

5. De l'emploi des gaz provenant des combustibles solides sans valeur ou de peu de valeur. — Théorie de la carbonisation du bois par le procédé ordinaire des forêts, p. 21.

Paris. Comp.-Rend. XIX, 1844, p. 3-31.

131. *Note sur la présence du plomb à l'état d'oxyde ou de sel dans divers produits artificiels.*

Paris. Comp.-Rend. XIX, 1844, p. 531-536.
Ann. de Chimie XII, 1844, p. 257-263.
Erdm. J. F. Prak. Chem. XXXV, 1845, p. 1242-1256.
Journ. de Pharm. VI, 1844, p. 320-326.

132. *Discours prononcé aux funérailles de M. Geoffroy, le 22 juin 1844.*

1845.

133. *Rapport sur l'ampélographie de M. le comte Odard* (1ʳᵉ partie, 17 décembre 1845).

Bull. Soc. cent. Agric. I, 1845-46, p. 459-480.

A la séance du 12 février 1844, M. Chevreul a été présenté en première ligne comme Directeur de l'Ecole Polytechnique.

134. *Extrait d'un ouvrage sur la théorie des effets optiques que présentent les étoffes de soie.*

Paris. Comp.-Rend. XXI, 1845, p. 1342-1356.

Voir, pour détails, l'ouvrage suivant.

1846.

135. *Théorie des effets optiques que présentent les étoffes de soie.* — Paris. Didot, 1 vol. in-8, 1846, 208 p., 1 pl. col.

Ouvrage imprimé aux frais de la Chambre de commerce de Lyon.

Ire PARTIE.

Théorie, p. 11.

    1. Réflexion de la lumière sur des surfaces cylindriques parallèles, p. 13.

    2. Réflexion de la lumière sur des surfaces cylindriques à cannelures transversales, p. 18.

    3. Du mélange, p. 23.

    4. Du contraste des couleurs, p. 25.

2e PARTIE.

Application, p. 27.

Tableau. — Les étoffes considérées sous quatre points de vue, p. 31.

I. 1. Etoffes monochromes dont les effets optiques essentiels peuvent se rapporter exclusivement à la chaîne ou à la trame, p. 33.

Etoffes monochromes à surface plane et étoffes monochromes à côtes, dont les effets optiques correspondent à ceux d'un système de cylindres parallèles, p. 33.

Satin, p. 33.—Velours frisés dits épinglés, p. 38.

Etoffes monochromes à côtes parallèles, dont les effets optiques correspondent à ceux d'un

PREMIÈRE DIVISION.

Etoffes façonnées monochromes dont les effets optiques se rapportent exclusivement à la chaîne ou à la trame, p. 171.

7

DEUXIÈME DIVISION.

Etoffes façonnées monochromes dont les effets optiques se rapportent à une chaîne et à une trame d'une même couleur et du même ton, p. 172.

TROISIÈME DIVISION.

Etoffes façonnées monochromes dont les effets optiques se rapportent à des fils de divers tons d'une même couleur, p. 174.

QUATRIÈME DIVISION.

Etoffes façonnées monochromes dont les effets optiques se rapportent à des fils d'une couleur ou de plusieurs couleurs, alliés à des fils blancs, ou noirs, ou gris, soit à des fils de plusieurs couleurs, y compris le blanc, le noir, le gris, alliés ensemble, p. 177.

De la fabrication de la soie considérée relativement à la ville de Lyon, p. 198.

136. *Considérations générales sur les variations des individus qui composent les groupes appelés en histoire naturelle : variétés, races, sous-espèces et espèces.*

Définitions de l'espèce, de la sous-espèce, de la race, de la simple variété, p. 145.

Conclusions relatives à la définition de l'espèce, p. 150.

    I. Propagation des espèces végétales, p. 155.

   II. Les espèces des corps vivants, considérés relativement au groupement des individus qui les représentent respectivement, sont l'objet de cinq distinctions générales, p. 158.

 III. Des espèces végétales considérées sous le double rapport de leur permanence et de leur tendance à être modifiées, p. 167.

Stabilité des formes organiques, p. 170.

Modification des formes organiques, p. 172.

    1. Modification des individus appartenant à une seule espèce, p. 175.

    2. Modification de deux formes organiques considérées dans l'hybride produit par deux individus d'espèces différentes, p. 184.

IV. Conséquences des faits exposés précédemment, § III, relativement à la question de la fixité des espèces végétales dans les circonstances actuelles, p. 190.

V. De la multiplication des plantes par la division des individus, p. 197 ; et de la dégénérescence et de l'extinction des plantes qui en proviennent, p. 199.

VI. Conséquences des faits précédents pour la coordination des connaissances relatives aux cépages, p. 202.

    1. Variétés de vignes reproduites de semis, p. 205.

    2. Connaissances relatives à la propagation de la vigne par la division de l'individu, p. 208.

Ann. Sc. Nat. (Bot.), VI, 1846, p. 142-214.

Hemfrey. Bot. Gazette II, 1850. p. 63-70.

Hort. Soc., Journ. VI, 1851, p. 61-109.

Mém. de la Soc. roy. et cent. d'Agricult., 1846.

Journ. des Savants, 1845, p. 705-720.

Journ. des Savants, 1846, p. 27-36, 296-307.

Journ. des Savants, 1846, p. 340-359, 425-445.

Tirage à part avec le rapport sur l'empelographie de M. Odart.

Paris. Bouchard-Huzard, 1 br. in-8, 1846, 110 p.

137. *Remarques à l'occasion d'une communication de M. Dumas, sur la conversion de l'hydrogène sulfuré en acide sulfurique.*

Paris. Comp.-Rend. XXIII, 1846, p. 779.

138. *Mémoire sur plusieurs réactions chimiques qui intéressent l'hygiène publique des cités populeuses.*

Paris. Comp.-Rend. XXIII, 1846, p. 885-887.
Voir Mém. Acad. Sc. XXIV, 1854, p. 213-263.

139. *Note de M. Chevreul sur une classe particulière de mouvements musculaires, lue à l'occasion d'un mémoire de M. Desplaces, présenté à la dernière séance.*

Paris. Comp.-Rend. XXIII, 1846, p. 1093-1095.

140. *Opinions sur l'emploi du sel employé dans la préparation des produits chimiques et sur l'influence du sel dans l'économie animale et végétale.*

Bull. Soc. cent. Agric. II, 1846-47, p. 347-355.

1847.

141. *Rapport adressé à M. le Ministre de l'Agriculture et du Commerce sur du papier fabriqué avec plusieurs plantes textiles d'Algérie et des Tropiques; publié en vertu des ordres de son Excellence M. le Ministre de la Guerre, en date du 10 février 1846.*

Moniteur algérien, 1846.

142. *Articles sur l'ouvrage de MM. Reinaud et Favé :* « *Du feu grégeois, des feux de guerre et des origines de la poudre à canon, etc.* » — 1 vol. in-8 et atlas de 17 pl.

1er ARTICLE.

Historique, p. 87-93.

2ᵉ Article.

3ᵉ Article.

143. *Rapports de l'agriculture avec les autres connaissances humaines.*

Articles sur les ouvrages de M. Boussingault : « Economie rurale considérée dans ses rapports avec la chimie, la physique et la météorologie, etc. », et de M. Gasparin : « Cours d'agriculture ».

1er Article.

Considérations générales, p. 577.

2e Article.

Considérations générales sur l'enseignement des mathématiques élémentaires, de la physique, de la chimie et de la science des corps vivants, p. 738.

3e Article.

Sur l'enseignement agricole, p. 169.

Journ. des Savants, 1847, p. 577-591, 738-750; 1848, p. 169-187.

144. *Rapport sur la théorie des effets optiques que présentent les étoffes de soie.*

Lu à la Soc. d'Agric., Hist. Nat. et Arts utiles de Lyon,
le 6 août 1847, par M. Gamot.

Lyon. Soc. Agric., ann. X, 1847, p. 522-527.

145. *Rapport sur les recherches de M. Niepce de Saint-Victor.*

Paris. Comp.-Rend. XXV, 1847, p. 785-794.

146. *Sur la modification de certains végétaux.*

Bull. Soc. cent. Agric. II, 1846-47, p. 339-342.

147. *Influence de la jachère sur la composition chimique du sol.*

Bull. Soc. cent. Agric. III, 1847-48, p. 337.

148. *Recherches sur la teinture (recherches physiques).*

> Paris. Martinet. 1847, 160 p., 2 pl.
> Vol. ext. de la Revue scientifique.

149. *Discours prononcé aux funérailles de M. Al. Brongniart le 9 octobre 1847.*

150. *Exposé d'un moyen de définir et de nommer les couleurs, d'après une méthode rationnelle et expérimentale, et application de ce moyen à la définition et à la dénomination d'un grand nombre de corps naturels et de produits artificiels.*

> Revue scientifique XIII, 1847, p. 382-393.
> Paris. Comp.-Rend. XXXII, 1851, p. 693-696.
> Voir Mém. Acad. Sc., 1861.

1848.

151. *Examen d'un mémoire sur une nouvelle méthode pour obtenir des combinaisons cristallisées par la voie sèche, et sur les applications à la reproduction des espèces minérales : suivi de considérations historiques et critiques sur l'espèce minéralogique et l'espèce chimique.*

1. Reproduction, au moyen de la voie sèche, de plusieurs minéraux cristallisés, par Ebelmen, p. 83.
2. Considération sur l'espece minéralogique et sur l'espèce chimique, et examen des définitions données par Dolemieu, Haüy et Chevreul, p. 87.
3. Conséquences du travail de M. Ebelmen pour la détermination des espèces minérales qu'il parvient à obtenir par sa méthode, p. 99.

> Journ. des Savants, 1848, p. 83-104.

152. *Examen comparatif d'une cochenille récoltée, en 1845, à la pépinière d'Alger, et d'une cochenille dite « Zaccattilla » du commerce.*

Paris. Comp.-Rend. XXVI, 1848, p. 375-379.
Bull. Soc. cent. Agric. III, 1847-1848, p. 694.

153. *Rapport sur le procédé de conservation des corps employés par M. Gannal.*

Paris. Comp.-Rend. XXVI, 1848, p. 347-349.

1849.

154. *Recherches chimiques sur plusieurs objets d'archéologie trouvés dans le département de la Vendée. (Voir à 1850).*

Paris. Comp.-Rend. XXVIII, 1849, p. 141-142.
Mém. Acad. Sc. XXII, 1850, p. 181-207.

155. *Analyse de concrétions trouvées dans les vaisseaux urinaires d'un rein de bœuf.*

Journ. Pharm. XVI, 1849, p. 196-197.
Bull. Soc. cent. Agric. IV, 1848-49, p. 658-659.

156. *Remarques à l'occasion d'une communication de M. Senarmont : « Expériences sur la formation artificielle de quelques minéraux par voie humide ».*

Paris. Comp.-Rend. XXVIII, 1848, p. 695-696.

157. *Note relative à l'action de la lumière sur le bleu de Prusse. (Voir à 1853).*

Paris. Comp.-Rend. XXIX, 1849, p. 294-297.
Erdm. Journ. Prak. Chem., 1849, p. 187-190.
Mém. Acad. Sc. XXIII, 1853, p. 3-9 ; 11-15.

158. *Observations sur les influences atmosphériques relativement à la culture des pommes de terre,* p. 283.

Sur la production des bestiaux, p. 287.

Sur le limonage, p. 318.

Sur l'absorption des sucs végétaux par les feuilles, p. 413-414.

Sur l'emploi du noir animal dans les défrichements, p. 451.

Sur l'emploi du phosphate de chaux et les falunières, p. 541-542.

Observations relatives à l'influence du sujet sur la greffe, p. 606-607.

Principes colorants du saule, p. 658-659.

Observations sur les laines Mauchamps et sur la qualité de la viande, p. 815-825.

Observations sur le mode d'absorption des végétaux, p. 840-841.

Observations sur la fabrication du fromage, p. 867.

Observations sur la conservation des substances alimentaires, p. 925.

Bull. Soc. cent. Agric. Paris. IV, 1848-49.

159. *Observations sur l'industrie séricole,* p. 75.

Emploi du sel en agriculture, p. 22-23.

Sur l'emploi de la terre comme litière, p. 62.

Sur les bêtes à cornes, p. 87-89.

Sucre de betterave, procédé Melsens, p. 88-89.

Sur les conserves de lait, p. 103-105.

Procédé de dessication des choux, p. 125.

Sur l'industrie sucrière, p. 176.

Recherches sur la muscardine, p. 189.

Sur la culture du riz dans le delta du Rhône, p. 318-319.

Sur les diverses qualités du pain, p. 311.

Sur l'analyse du son, p. 113.

Bull. Soc. cent. Agric. V, 1849-50.

160. *Considérations sur la reproduction par les procédés de M. Niepce de Saint-Victor, des images gravées, dessinées ou imprimées.*

1re Catégorie d'Expériences.

Reproduction, au moyen de l'iode, d'une gravure, d'un dessin, d'un imprimé, etc., sur un papier collé en cuve avec de l'amidon et du résinate d'alumine, et sur un enduit d'amidon cuit et adhérent à la surface unie de verre ou de porcelaine, p. 537.

2e Catégorie d'Expériences.

Reproduction, sur une surface métallique polie, d'une gravure, d'un dessin, etc., au moyen de divers fluides élastiques, p. 546.

3e Catégorie d'Expériences.

Réproduction des images du foyer d'une chambre obscure, au moyen d'un composé d'argent appliqué sur un enduit d'argent ou d'albumine, au lieu de l'être sur du papier, p. 572.

Mém. Acad. Sc. XX, 1849, p. 533-577.

1850.

161. *Sur la compression et la dessication du foin,* p. 346, 361.
Observations sur l'agriculture en Chine, p. 379.
Observations sur les végétaux de la Chine, p. 400.
Observations sur la betterave à collet vert, p. 421.
Observations sur la culture de la cochenille, p. 435.
Sur l'emploi des tangues et sur leur conversion en chaux grasse, p. 437.
Sur l'emploi du sel en agriculture, p. 451.

Bull. Soc. cent. Agric. V, 1849-50.

162. *Recherches expérimentales sur la peinture à l'huile.*

Lu à l'Académie le 9 juin 1850.

Chap. Ier. — En quoi consiste ce qu'on appelle la dessication des couleurs, p. 657.

Chap. II. — Les corps ont-ils de l'influence sur la durée de la dessication de la peinture qui en couvre la surface? p. 660.

Chap. III. — L'essence de térébenthine augmente-t-elle la propriété siccative de l'huile de lin pure, et celle de cette huile mêlée au blanc de zinc? p. 685.

Chap. IV. — Recherches sur l'influence de la litharge, du peroxyde de manganèse et de la chaleur pour rendre l'huile de lin siccative, p. 700.

Chap. V. — Quelle est l'influence que des corps solides, mêlés à la céruse et au blanc de zinc, peuvent avoir sur la dessication de la peinture? p. 711.

Chap. VI. — Examen de différents mélanges de corps solides et de liquides huileux, au point de vue de la théorie et de la pratique de la peinture à l'huile, p. 717.

Mém. Acad. Sc. XXII, 1850, p. 655-732.

163. *Recherches chimiques sur plusieurs objets d'archéologie trouvés dans le département de la Vendée.*

I. Examen de matières d'origine inorganique.

i. Matière soluble dans l'eau pure, p. 188.

ii. Matière verte, p. 188.

iii. Matière sableuse, p. 190.

Examen d'un verre, p. 191.

Examen d'un alliage de cuivre et d'étain, p. 192.

II. Examen de matières d'origine organique.

Examen d'une matière résineuse, p. 193.

Examen d'une matière qui était sous forme de petits cônes presque cylindriques (ambre jaune), p. 195.

Examen d'une matière contenue dans une fiole, p. 195.

Préparation d'une matière contenue dans une petite fiole à fond plat, p. 197.

Examen d'une matière noire renfermée dans une fiole à fond très-plat, p. 198.

III. Examen de deux fragments de peinture sur mur, p. 199.

    i. Examen d'un fragment représentant une cuisse, une jambe de femme avec un pied chaussé d'une sandale, sur un fond gris-verdâtre, p. 200.

    ii. Examen d'un fragment représentant une figure nue d'enfant à ailes vertes sur un fond rouge, p. 203.

Mém. Acad. Sc. XXII, 1850, p. 183-207.
Paris. Comp.-Rend. XXVIII, 1849, p. 141-142.

164. *Expériences analytiques sur le suc gastrique de l'homme* (séance du 6 mars).

Détermination des matières organiques, p. 455.

Essai pour reconnaître les substances volatiles, p. 455.

Essai pour reconnaître les matières organiques fixes, p. 456.

Bull. Soc. cent. Agric. V, 1849-50, p. 454-458.

165. *Observations sur les laines mérinos Mauchamps.— Formation et qualité de la laine*, p. 582.

Sur la production et la qualité de la laine, p. 628.

Sur le pralinage du blé, p. 640.

Observations sur la culture du pavot et l'extraction de l'opium, p. 691.

Bull. Soc. cent. Agric. V. 1850, p. 582-586.

166. *Discours de M. Chevreul, président de la Société centrale d'Agriculture, le 12 mai 1850, p. 6-13.*
   Sur les travaux séricoles de MM. Robert et Guérin-Méneville, p. 81.
   Composition des cendres du vicia polysperma, p. 91.

   Bull. Soc. cent. Agric. VI, 1850-51.

167. *Discours prononcé aux funérailles de M. de Blainville, le 7 mai 1850.*

168. *Discours prononcé aux funérailles de M. Gay-Lussac, le 11 mai 1850.*

1851.

169. *Exposé d'un moyen de définir et de nommer les couleurs, d'après une méthode rationelle et expérimentale.*

   Paris. Comp.-Rend. XXXII, 1851, p. 693-696.
   Voir Mém. Acad. Sc. XXXIII, 1861, p. 1-944.

170. *Remarques à l'occasion d'un nouveau procédé de M. Liebig, pour la détermination de l'oxygène contenu dans l'air.*

   Paris. Comp.-Rend. XXXII, 1851, p. 59.

171. *Sur l'emploi du foin des prairies basses, p. 120-121.*
   Sur la composition saccharine de la betterave, p. 162-163.
   Sur le drainage, p. 165.
   Sur l'emploi des sels de fer pour activer la végétation, p. 177-178, 352.
   Sur le rouissage du chanvre et du lin, p. 190.
   Sur la conservation des bois, p. 192.
   Sur l'emploi des chiffons de laine comme engrais, p. 232.

Bull. Soc. cent. Agric. de Paris VI, 1851.

172. *Articles de M. Chevreul sur : « Cours de philosophie hermétique ou l'alchimie en 19 leçons, etc., par L.-P.-François Cambriel ». Paris, 1843.*

1er ARTICLE.

1. Revue des principaux auteurs alchimiques et des personnes les plus connues dans l'histoire de l'état hermétique, p. 285.

> Albert le Grand, 1193-1282, p. 289.
> Saint Thomas d'Aquin, 1225-1274, p. 389.
> Alain de L'Isle, 1200-1298, p. 289.
> Roger Bacon, 1214-1294, p. 289.
> Arnauld de Villeneuve, 1245-1310, p. 289.
> Raymond Lulle, 1235-1315, p. 289.

Le pape Jean XXII, 1214-1334, p. 290.

Jean de Meun, 1279-1365, p. 290.

2. L'idée de la transmutation des métaux communs en métaux précieux est-elle absurde ? p. 295.

2e Article.

3. Idées fondamentales de l'alchimie, p. 337.

4. Idée concernant les propriétés organoleptiques de la pierre pour maintenir la santé de l'homme ou le préserver de la maladie, p. 352.

3e Article.

1. De la vie privée de l'alchimiste, p. 492.

2. Des relations de l'alchimiste avec le pouvoir temporel, p. 497.

3. Des relations de l'alchimiste avec le pouvoir spirituel, p. 500.

4e Article.

Suite, p. 752.

Quelques considérations sur la connaissance de l'antiquité et du moyen-âge au point de vue de la méthode à priori, p. 163.

Science de l'antiquité et du moyen-âge d'après M. Chevreul. Tableau.

Journ. des Savants, 1851, p. 284-298; 337-352; 492-506; 752-768.

173. *Articles de M. Chevreul sur : « Histoire de la chimie, de M. Hoëfer. »* (Voir à 1843).

1852.

174. *Observations en réponse au Rapport de la Commission spéciale instituée par le Ministre de l'Instruction publique, en juin 1849, pour étudier les questions qui se rattachent, soit à l'Administra-*

tion, soit à l'enseignement du Muséum d'histoire naturelle par les professeurs-administrateurs. Paris, in-1°, 1851.

175. *Observations sur les propriétés des eaux limoneuses*, p. 131-132.
Observations sur la formation des dunes, p. 132-135.
Observations sur le sucre de betterave, p. 211.
Observations sur une neige colorante, p. 273.
Observations sur la formation du nitrate de potasse. p. 394.
Observations sur la ventilation des bâtiments, p. 404-420.
Observations sur l'altération des filasses, p. 425.
Observations sur la maladie de la vigne, p. 429, 431.
Communication sur les cochenilles exotiques et indigènes, p. 431-434.
Observations sur les courants d'eau souterrains, p. 458.
Observations sur la composition du lait, p. 478.
Observations sur les tourbes de Sologne, p. 513.
Observations sur la boue des égouts, p. 515-525.
Observations sur les forces végétatives du colza, p. 531.
Observations sur la maladie de la vigne, p. 532.
Observations sur la culture de la cochenille en Espagne, p. 536.
    Bull. Soc. cent. Agric. Paris, VII, 1852.

176. *Discours prononcé aux funérailles de M. Ebelmen, le 2 avril 1852.*

177. *Observations sur l'état des récoltes*, p. 546.
Observations sur la culture du genêt, p. 550.
Observations sur les maladies des betteraves, p. 551-574.

8

Observations sur l'introduction de la pomme de terre en France, p. 556-557.

Observations sur la culture du thé, p. 558.

Observations sur les principes odorants, p. 560.

Observations sur l'état de l'industrie en Chine, p. 560.

Examen des fruits du Mahonia, p. 561.

Bull. Soc. cent. Agric. Paris, VII, 1852.

Observations sur la conservation du beurre, p. 15.

Observations sur les procédés du rouissage du lin, p. 22, 39-43.

Observations sur l'agriculture des Nabathéens, p. 37.

Observations sur la maturité des graines, p. 66.

Observations sur le barrage des eaux souterraines. p. 75.

Observations sur la pisciculture, p. 96.

Bull. Soc. cent. Agric. Paris, VIII, 1852-53.

178. *Note sur les tangues des côtes de la basse Normandie.*

Paris. Comp.-Rend. XXXIV, 1852, p. 109-110.

179. *Note sur une cochenille indigène du midi de la France.*

Paris. Comp.-Rend. XXXIV, 1852, p. 701-703.

180. *A l'occasion d'une question de M. Thénard sur l'efficacité des divers moyens proposés contre la maladie de la vigne, M. Chevreul dit que le sulfure de calcium avec excès de chaux a été employé avec succès, et que, dans certains cas, l'insufflation de fleur de soufre sur la vigne humectée a été aussi pratiquée avec avantage*, p. 270.

Paris. Comp.-Rend. XXXIV, 1852, p. 270.

181. *Discours prononcé le 28 janvier 1852 en réponse au discours du président de la Société d'encouragement de Paris.*

Voir aussi : *Lettres à M. Villemain*, p. 1-7.

182. *Lettre à M. Guillory l'aîné, président de la Société industrielle d'Angers, en réponse à une lettre qu'il avait reçue de ce président.*

Mém. Soc. ind. d'Angers, XXIII, 1852.
Voir aussi : *Lettres à M. Willemain*, p. 7-20.

183. *Articles de M. Chevreul sur : « Des sciences occultes, ou essai sur la magie, les prodiges et les miracles, par Eusèbe Salverte ».* Paris, 1829, 2 vol. in-8.

1ᵉʳ ET 2ᵉ ARTICLES.

Examen du 1ᵉʳ vol., p. 591, 631.

3ᵉ ARTICLE.

Considérations sur l'astrologie, les sciences occultes en général. — Les sciences occultes considérées relativement à certains peuples et à certaines époques, p. 707.

4ᵉ ARTICLE.

Des relations du ciel et de la terre conformes aux sciences occultes, envisagées relativement à la diversité des croyances et des opinions philosophiques, p. 109.

De quelques principes ou opinions de la science ancienne qu'on retrouve dans la science moderne. — Principe de ressemblance. — Principe de perfectibilité, p. 112.

Journ. des Savants, 1852, p. 594, 631, 707; 1853, p. 109.

1853.

184. *Additions à une communication précédente sur certaines réactions chimiques qui intéressent l'hygiène des cités populeuses.*
Comp.-Rend. XXXVI, 1853, p. 553-554.

185. *Remarques à l'occasion d'une communication de M. Kaepplin : « Influence de l'action vitale et même de la volonté sur la matière inerte ».*
Comp.-Rend. XXXVI, 1853, p. 830-831.

186. *Remarque à l'occasion d'une note de M. Niepce de Saint-Victor concernant la gravure héliographique sur acier.*
Paris. Comp.-Rend. XXXVI, 1853, p. 911.

187. *Mécanique chimique : extrait du traité de Chimie générale, de Pelauze et Frémy.* Vol. I, 1853, p. 123-156 (tirage à part).

188. *Observations sur les opinions relatives à la climatologie,* p. 113.
Observations sur la cuisson des fourrages, p. 119.
Observations sur la maladie de la vigne, p. 122, 172, 178, 602, 623.
Observations sur le Planera crenata, p. 131.
Observations sur la maladie des betteraves, p. 152, 160.
Observations sur la production animale, p. 163.
Observations sur l'emploi des crins comme engrais, p. 164.
Observations sur l'emploi de l'argile et de la marne comme litière, p. 196, 206-207-208, 450.
Observations sur la formation des variétés dans les espèces végétales, p. 213, 215.
Observations sur le Coca, p. 240.

Observations sur l'Asphodèle, p. 600.

Bull. Soc. cent. Agric. Paris, VIII, 1853.

190. *Notes relatives à quelques propriétés du bleu de Prusse.*

Deuxième note relative à l'action de la lumière sur le bleu de Prusse exposé au vide.

Lue à l'Académie dans la séance du 17 septembre 1849.

Mém. Acad. Sc. XXIII, 1853, p. 3-9; 11-15.
Voir Mém. Acad. Sc. XIX, et la fin du sixième Mémoire sur les recherches sur la teinture.

191. *Considérations générales et inductions relatives à la matière des êtres vivants.*

Mém. Acad. Sc. XXIII, 1853, p. 17-34.
Appendice au sixième Mémoire sur les recherches sur la teinture.

192. *Rapport sur un mémoire de M. Mouriès : « Des principes immédiats du son de froment, de leur rôle dans la panification et dans la nutrition des animaux ».*

Paris. Comp.-Rend. XXXVII, 1853, p. 775-777.

193. *Observations concernant la théorie de Liebig*, p. 14.
Observations sur le Polygonum tinctorium, p. 25.
Observations sur la combustion de l'argile, p. 40.
Observations sur un procédé de fabrication du pain avec addition de betteraves, p. 53.
Observations sur l'inoculation de la péripneumonie des bêtes bovines, p. 69.

Bull. Soc. cent. Agric. Paris, IX, 1853.

1854.

194. *Mémoires sur plusieurs réactions chimiques qui intéressent l'hygiène des cités populeuses.*

Mémoire lu à l'Académie les 9 et 16 novembre 1846.

1. Favoriser la dessication de la surface du sol et des murs des rez-de-chaussée par le renouvellement de l'air, et aider les combustions lentes du concours de la lumière, p. 238.
2. Puits :
    a. Considérés sous le rapport de l'eau qui les alimente, p. 239.
    b. Puits considérés sous le rapport de la salubrité du sol dans lequel ils sont creusés, p. 242.
    Influence du pavage des rues sur la salubrité des eaux de puits, et par suite sur celle du sol où ces puits sont creusés, p. 243.
3. Utilité des arbres dans l'intérieur des villes, p. 245.

Note 1. — Sur la matière noire ferrugineuse qui se trouve sous les pavés de Paris, p. 235.

Note 2. — Nécessité d'un courant d'eau continu pour l'assainissement des ruisseaux, p. 257.

Note 3. — Proportion de la matière fixe contenue dans quelques eaux naturelles, p. 258.

Note 4. — Sur la théorie du drainage, p. 259.

Note 5. — De la désinfection des matières fécales au point de vue de l'agriculture, p. 260.

Mém. Acad. Sc. XXIV, 1854, p. 211-263.
Paris. Comp.-Rend. XXIII, 1846, p. 885-887.
Paris. Comp.-Rend. XXXV, 1853, p. 553-556.

195. *Considérations sur la photographie au point de vue abstrait.*

Paris. Comp.-Rend. XXVIII, 1854, p. 391-396.

196. *Note sur la couleur d'un assez grand nombre de fleurs.*

Paris. Comp.-Rend. XXXIX, 1854, p. 113-114.

197. *Remarques à l'occasion d'une communication de M. Régnault sur les forces élastiques des vapeurs dans le vide et dans les gaz, à différentes températures.*
Paris. Comp.-Rend. XXXIX, 1854, p. 313-314.

198. *Observations sur l'action des sels relativement à la végétation*, p. 153.

Observations sur la distillation de la betterave, p. 172.

Observations sur la composition de l'eau du brouillard, p. 177.

Sur la composition des eaux de drainage, p. 193, 207.

Observations sur l'emploi du pluviomètre, p. 202.

Observations sur la théorie du drainage de M. Barral, p. 207.

Sur l'emploi du soufre pour guérir la maladie de la vigne, p. 245, 560.

Observations sur la composition de la graisse de porc, p. 261.

Observations sur l'engorgement des tuyaux de drainage, p. 215.

Observations sur l'influence de l'eau de rouissage, p. 340, 390.

Observations sur l'engrais de poissons, p. 312, 355, 549.

Observations sur la cendre de varech, p. 430.

Observations sur la formation des graines, p. 432.

Discours prononcé à la séance publique annuelle du 23 juillet 1854, p. 457.

Observations sur la composition du salep, p. 562.

Rapport sur un indigo obtenu du Polygonum tinctorium cultivé sur les bords de la Sèvre-Niortaise, par M. Thibaudeau, p. 598.
Bull. Soc. cent. Agric. Paris, IX, 1853-54.

Influence de la vue d'un corps en mouvement sur
notre corps, p. 234.

De l'intervention du principe du pendule explorateur
avec la stabilité de notre propre corps, p. 235.

Cause du mal de mer, p. 238.

Rapport du principe du pendule explorateur avec
l'imitation, p. 244.

De l'influence de la foi et de certaines prédispositions
sur certains actes de la vie humaine, p. 247.

Influence du principe du pendule explorateur sur
certains actes de la vie des animaux, p. 252.

Dernières réflexions, p. 253.

201. *Examen d'écrits concernant la baguette divinatoire, le pendule dit explorateur et les tables
tournantes, avec l'explication d'un grand nombre
de faits exposés dans ses écrits.*

Journal des Savants, 1853, p. 597, 669, 768.
Journal des Savants, 1854, p. 36, 172, 216, 286, 427.
Cette suite d'articles sont des extraits du volume précédent.

202. *Considérations sur la photographie au point de
vue abstrait.*

Bull. Soc. Encourag. I, 1854, p. 510-514.

203. *Rapport sur les tapisseries et les tapis des manufactures nationales fait à la Commission française
du Jury international de l'Exposition universelle de Londres.* Paris, imprimerie nationale,
1854, in-8, 100 p.

1855.

204. *Recherches expérimentales sur la végétation.* Paris,
1853, 1 vol. in-8, 2 pl.
*Examen précédé de considérations sur différents
ouvrages d'agriculture et sur différentes recherches relatives à l'agriculture et à la végétation.*

1er Article.

Duhamel du Monceau considéré comme agronome, 1700-1782, p. 690.

Louis-Henri de Menon, marquis de Turbilly, 1717-1776, considéré comme praticien, et examen de la première partie de son mémoire sur les défrichements, p. 692.

  1. Défrichements des mauvaises terres, sables vifs et brûlants, p. 695.

  2. Défrichements des terres médiocres, p. 696.

  3. Défrichements des terres bonnes, p. 698.

Appendice.

  1. Des engrais d'origine minérale et d'origine organique prescrits par le marquis de Turbilly, p. 699.

  2. Observation sur l'échouage, tel qu'il a été envisagé par le marquis de Turbilly, au point de vue théorique et pratique, p. 700.

2e Article.

Examen de la deuxième partie du mémoire sur les défrichements, p. 767.

Journ. des Savants, 1855, p. 689-703, 767-778.

3e Article.

1. Sthal, 1660-1734, auteur des premières théories chimiques; la fermentation et la combustion, p. 94.

  A. Distinction des produits de la combinaison chimique, p. 97.

  B. Distinction de la matière en types ou espèces chimiques, p. 98.

  C. D. Fermentation et combustion, p. 99.

4ᵉ ARTICLE.

6ᵉ Article.

Histoire de la découverte de l'amélioration, par les
parties vertes des plantes, de l'air qui a servi à la
respiration des animaux et à la combustion des
matières ordinairement employées comme combustibles, p. 473.

Priestley, p. 476, 549.

Ingen-Housz, p. 551.

Senebier, p. 562.

Journ. des Savants, 1856, p. 94-105, 173-188, 286-298, 361-372,
424-435, 473-487, 549-564.

7ᵉ Article.

Senebier, p. 437.

Mémoires physico-chimiques sur l'influence de la
lumière solaire pour modifier les êtres des trois
règnes de la nature, et surtout ceux du règne
végétal. 3 vol. in-8, Paris, 1782, p. 137.

Recherches sur l'influence de la lumière solaire pour
métamorphoser l'air fixe en air pur par la végétation, avec des expériences et des considérations
propres à faire connaître la nature des substances
aériformes. Genève, 1783.

Partie chimique de la physiologie végétale de l'Ency-
clopédie méthodique. 1791.

Exposé des travaux de M. Senebier concernant les
relations de l'acide carbonique avec la végétation,
p. 438.

Mémoires physico-chimiques, 1782-1783, p. 142.

    1. Recherches de M. Senebier concernant des
       composés de la nature inorganique, p. 143.

    2. Recherches de M. Senebier concernant les pro-
       duits de la végétation, p. 443.

    3. Recherches de M. Senebier concernant les
       plantes vivantes, p. 444.

Physiologie végétale. 5 vol. in-8, 1800, p. 445.

Expérience sur la germination des plantes, par E.-A. Lefébure. Strasbourg, an IX.

Mémoire sur l'influence de l'air et de diverses substances gazeuses dans la germination de différentes graines, par J. Hubert et Senebier. Genève, 1801.

8ᵉ Article.

Recherches chimiques sur la végétation, par Théodore de Saussure. Paris, 1804, p. 507:

1. Germination, p. 508.
2. Action de l'acide carbonique sur la végétation, p. 510.
3. De l'influence du gaz oxygène sur les plantes développées, p. 512.
4. Influence du gaz oxygène sur des produits végétaux, p. 517.
5. Terrain végétal, p. 519.
6. Végétation dans des milieux dépourvus de gaz oxygène, p. 520.
7. De la fixation de l'eau par les végétaux, p. 521.
8. De l'absorption des dissolutions par les racines, p. 522.
9. Observations sur les cendres des plantes, p. 524.

Journ. des Savants, 1857, p. 437-451, 507-527.

9ᵉ Article.

Examen critique, d'après l'ordre historique, des principaux travaux auxquels l'analyse chimique des composés organiques a donné lieu depuis la fondation de l'Académie royale des Sciences jusqu'à nos jours.

Distinction de l'analyse organique en analyse immédiate et en analyse élémentaire.

Examen des mémoires pour servir à l'histoire des plantes, dressés par Dodart. Paris, in-f., 1676, 2me édit., 1679, p. 109.

Claude Bourdelin, 1621-1699, p. 643.

Samuel Cottereau Duclos, mort en 1715, p. 643.

Pierre Borel ou Borelli, 1608-1679, p. 643.

Claude-Louis Bourdelin, 1695-1777, p. 644.

Guillaume Homberg, 1652-1715, p. 644.

Simon Boulduc, 1675-1729, p. 645.

Gilles-François Boulduc, mort en 1742, p. 646.

Rénéaume de la Tache, p. 647.

Etienne-François Geoffroy, 1672-1731, p. 647.

Claude-Joseph Geoffroy, 1685-1752, p. 648.

Louis Lémery, 1677-1743, p. 651.

Georges-Ernest Stahl, 1660-1733, p. 655.

Hermann Boerhaave, 1668-1739, p. 655.

Claude-Toussaint Marot (comte de La Garaye), 1675-1755, p. 706.

Jacques-Barthélemy Beccari, 1692-1766, p. 711.

* André-Sigismond Marggraf, 1709-1782, p. 711.

Guillaume-François Rouelle, 1703-1770, p. 712.

Hilaire-Marin Rouelle, 1718-1779, p. 712.

Gabriel-François Venel, 1723-1775, p. 715.

Torbern Bergmann, 1734-1784, p. 716.

Charles-Guillaume Scheele, 1742-1786, p. 717.

Journ. des Savants, 1858, p. 109-128, 642-655, 706-718.

René-Antoine Ferchault de Réaumur, 1683-1757, p. 760.

Charles-François de Cisternay du Fay, 1698-1739, p. 767.

Jean Hellot, 1685-1766, p. 768.

Henri-Louis Duhamel Dumonceau, 1700-1782, p. 769.

Grosse, 1715, p. 769.

---

* Marggraf, Marggraff, Margraaf, Margraff.

Paul-Jacques Malouin, 1791-1778.

Théodore Baron, 1715-1768.

Joseph-Marie-François de Lassone, 1717-1788, p. 770.

François-Paul-Lyon Poulletier de la Salle, 1719-1787, p. 771.

Pierre-Joseph Macquer, 1718-1784, p. 771.

Jean-Baptiste Bucquet, 1746-1780, p. 772.

Louis-Claude Cadet de Gassicourt, 1731-1799, p. 773.

Jacques-Reinold Spielmann, 1722-1783, p. 771.

David Macbride, 1726-1778, p. 775.

Antoine Baumé, 1728-1804, p. 775.

> Journ. des Savants, 1858, p. 764-780.

Antoine-Auguste Parmentier, 1737-1813, p. 53.

Nicolas Deyeux, 1745-1837, p. 58.

Balthazar-Georges Sage, 1740-1824, p. 61.

> Journ. des Savants, 1859, p. 53-65.
> Voir en 1858 l'article sur les ouvrages de Lavoisier, qui fait suite aux précédents articles.

205   *Observations sur l'échalassement de la vigne*, p. 81.

Observations sur la détermination de l'azote dans les aliments et les engrais, p. 117.

Observations sur les éducations de vers à soie, p. 85.

Observations sur des essais de mouture des fourrages, p. 125.

Observations sur la composition immédiate des engrais et des aliments, p. 129-132.

Observations sur la préparation des viandes salées, p. 143.

Observations sur la culture des choux, p. 228.

Observations sur l'extraction du sucre des matières végétales, p. 245-246.

Observations sur les arbres à cire, p. 263.

Observations sur la culture du lin, p. 265.

Observations sur l'influence du givre relativement aux arbres, p. 296.

Observations sur le plâtrage des vins, p. 300-301.
Observations relatives à un questionnaire sur la maladie de la vigne, p. 158, 379.
Observations sur la culture de divers blés, p. 320.
Observations sur la graisse des animaux, p. 354.
Observations sur un procédé de panification, p. 389.
Observations sur les recherches relatives aux substances grasses des poissons, p. 397.
Observations sur la teinture de la soie, p. 404.
Observations sur la maladie de la vigne, p. 456.
Observations sur la matière colorante des graines de Sorgho, p. 474.

Bull. Soc. cent. Agric. Paris, X, 1854-55.

206. *Observations sur l'emploi des matières fécales comme engrais*, p. 110.
Observations sur des grains incendiés, p. 107.
Observations sur les matières odorantes, p. 132.

Bull. Soc. cent. Agric. Paris, XI, 1855-56, p. 107, 110, 132.

207. *Rapport sur le concours pour les prix concernant les arts insalubres, pour l'année 1854.*

Paris. Comp.-Rend. XL, 1855, p. 48-50.

208. *Remarques à l'occasion d'une communication de de M. Pelouze, sur la saponification des huiles sous l'influence des matières qui les accompagnent dans les graines.*

Paris. Comp.-Rend. XL, 1855, p. 611-612.

209. *Remarques au sujet d'une communication de M. Lœwel, sur la sursaturation des dissolutions salines.*

Paris. Comp.-Rend. XL, 1855, p. 1172.

210. *M. E. Chevreul présente, au nom de l'auteur, M. F. Unger, un disque chroharmonique pour*

servir à expliquer les règles de l'harmonie des couleurs, et observations.

Paris. Comp.-Rend. XL, 1855, p. 239-242.

211. *Rapport sur deux procédés photographiques de M. Taupenot.*

Paris. Comp.-Rend. XLI, 1855, p. 383-386.

212. *Rapport sur un travail de M. G. Ville, concernant l'assimilation de l'azote de l'air chez les végétaux.*

Paris. Comp.-Rend. XLI, 1855. p. 757-775.
M. Chevreul présente comme appendice au mémoire précédent une lettre de M. Cloëz, p. 775-777.

213. *Esthétique des couleurs.*

Paris. Comp.-Rend. XLI, 1855, p. 239-242.

1856.

214. *Observations sur un procédé de vinification,* p. 175.
Observations sur les moyens employés pour préserver les laines des attaques des insectes, p. 196.
Observations sur les excréments des chauvessouris, p. 310.
Observations sur la garance (culture), p. 388.
Observations sur la culture des orchidées, p. 444-445.
Observations sur la question des engrais, p. 472.
Observations sur la coloration du pain, p. 491.
Note sur une production de fer sulfuré, p. 511-512.
Observations sur une fabrication de lait de bouillon, p. 538-539.
Observations sur le guano des îles Caraïbes, p. 540.
Observations sur la formation du phosphate de fer bleu, p. 568.

Bull. Soc. cent. Agric. Paris, XI, 1855-1856.

215. *Observations sur les effets de l'incision annulaire de la vigne,* p. 35.

Observations sur le Gleditsia triacanthos, p. 37.

Bull. Soc. cent. Agric. Paris, XII, 1856-1857.

216. *Lettres adressées à M. Villemain, sur la méthode en général et sur la définition du mot* FAIT, *relativement aux sciences, aux lettres, aux beaux-arts, etc., etc.* Paris, Garnier fr., 1 vol. in-12, 1866 ; IV, 216 p.

Discours de M. Chevreul, prononcé à la Société d'encouragement de Paris, le 28 janvier 1852, lorsqu'il reçut le prix fondé par feu le marquis d'Argenteuil, qui lui était décerné pour ses recherches sur les corps gras, 10 p.

* *Lettre de M. Chevreul adressée à M. le Président de la Société industrielle d'Angers, en réponse à une lettre de félicitations qu'il avait reçue de ce président,* 17 p.

I. Lettre de M. Chevreul à M. Villemain, du 18 février 1853. Elle accompagnait l'envoi d'un exemplaire de la lettre précédente, p. 21.

II. Lettre. Il y a des méthodes particulières et une méthode générale. — Bacon, Galilée, Descartes, etc., p. 26.

III. Lettre. Considérations générales sur le mot *fait* et importance de sa définition, p. 37.

IV. Lettre. Définition du mot *fait* dans les sciences, p. 41.

V. Lettre. Définition des mots *rationnel* et *raisonné* relativement à la méthode *a priori* et à la méthode *a posteriori,* p. 67.

---

* Cette lettre porte la date du 26 février 1852 ; elle est imprimée dans le tome XXIII des mémoires de la Société industrielle d'Angers Année 1852.

DOCUMENTS.

Considérations générales sur l'analyse organique, p. 321.

Discours d'ouverture (Séance publique annuelle des cinq Académies, du jeudi 2 mai 1839) : « De l'Institut considéré sous le triple rapport de son histoire, des liens mutuels qui unissent les cinq Académies dont il se compose, et de l'esprit académique de ses membres, » p. 232-262.

De la loi du contraste, etc.

De l'espèce et de la méthode (Journ. des Savants).

De la baguette divinatoire, etc.

217. *Note sur une production de fer sulfuré sous le pavé des villes.*

Paris. Comp.-Rend. XLIII, 1856, p. 128-129.

218. *Rapport sur le concours pour le prix relatif aux arts insalubres, pour l'année 1855.*

Paris. Comp.-Rend. XLII, 1856, p. 141-146.

219. *Communication de M. Chevreul, en présentant, au nom de M. Stanislas Jullien, un traité de la fabrication de la porcelaine en Chine.*

Paris. Comp.-Rend. XLII, 1856, p. 470-472.

220. *Note sur la nature du suint de mouton.*

Paris. Comp.-Rend. XLIII, 1856, p. 130-131.
Moniteur scientif. I, p. 334.
Bull. Soc. cent. Agric. Paris, XI, 1855-56, p. 509-510.

221. *Observations sur la saturation des dissolutions salines par M. Lœwel. Aperçu de ce travail par M. Chevreul, p. 711.*

Paris. Comp.-Rend. XLIII, 1856, p. 709-712.

222. *Mémoire sur la composition chimique des statuettes de bronze trouvées au Sérapéum par M. Mariette Bey.*

Paris. Comp.-Rend. XLIII, 1856, p. 732-737, 989-990.

223. *Remarques de M. Chevreul, à l'occasion d'un mémoire de M. Niepce de Saint-Victor, sur la gravure héliographique sur marbre et sur pierre lithographique, p. 914.*

Paris. Comp.-Rend. XLIII, 1856, p. 914-915.

224. *Essai de distillation des corps gras en 1825.*

Bull. Soc. Encourag. III, 1856, p. 693.

1857.

225. *Expériences sur la peinture à l'huile.*

Bull. Soc. Encourag. IV, 1857, p. 695-698
Moniteur scientif. II, 1859, p. 283-285.
Journ. de Phys., 1857.
Annales des Ponts-et-Chaussées, 1857.

226. *Rapport sur le concours pour les prix relatifs aux arts insalubres, pour l'année 1856.*

Paris. Comp.-Rend. XLIV, 1857, p. 171-172.

227. *Rapport fait à l'Académie des Sciences sur un mémoire de M. Mège-Mouriès.*

Recherches chimiques sur le froment, sa farine et sa panification.

Paris. Comp.-Rend. XLIV, 1857, p. 40-57; 449-458.
Moniteur scientif. I, p. 41-55.
Bull. Soc. Encourag. V, 1858, p. 793-798.

228. *D'un composé de matière organique colorée, d'alumine et de péroxyde de fer, reconnu dans le sol de Kuyloch, en 1824.*

Quelques réflexions sur la matière brune appelée ulmine; différence qui distingue l'analyse minérale de l'analyse organique immédiate.

Résumé d'expériences analytiques faites sur un liquide brun provenant du suint de mouton.

Considérations sur le soufre au point de vue de la composition des corps vivants.

Communication faite à l'Académie à l'occasion du mémoire de M. Thénard : *Sur le fumier.*

Paris. Comp.-Rend. XLIV, 1857, p 397-398.

229. *Explication de la zone brune des feuilles du Geranium zonale.*

Paris. Comp.-Rend. XLIV, 1857, p. 387-398.

230. *Observations sur l'emploi des vases de zinc pour la conservation du lait, p. 182.*

Observations sur la maladie des pommes de terre, p. 194.

Observations sur le procédé de panification de M. Mège-Mouriès, p. 229.

Observations sur l'action du soufre relativement à la végétation, p. 240.

Observations sur l'emploi de la composition des marnes, p. 243-241.

Observations sur les produits du topinambour au point de vue de l'analyse, p. 262.

Observations sur la suspension de la faculté germinative des betteraves, p. 524.

Observations sur un indigo de l'Algérie (Eupatorium laeve), p. 596.

Observations sur l'enlèvement des feuilles dans les forêts, p. 638.

Sur une proposition relative à la publication d'ouvrages concernant les insectes, p. 655.

Observations sur l'action des acides sur les graines p. 656.

Observations sur une maladie des poiriers, p. 686.

Observations sur les maladies contagieuses, p. 688-689.

Observations sur une poudre pour la destruction des insectes, p. 701.

Bull. Soc. cent. Agric. Paris, XII, 1856-1857.

1858.

231. *Observations sur la nutrition des végétaux*, p. 57.

Observations sur les distilleries de betteraves, p. 84, 87.

Observations sur les qualités des bois, p. 79.

Observations sur le chervis et le cerfeuil bulbeux, p. 112.

Observations sur le tanin, p. 127.

Observations sur le mouvement spontané de certaines graines, p. 133.

Observations sur un engrais dit guano de viande, p. 144.

Bull. Soc. cent. Agric. Paris, XIII, 1857-1858.

232. *Observations sur les usages du vernis du Japon*, p. 32.
   Observations sur des expériences relatives à la théorie du drainage, p. 54-55.
   Observations sur l'emploi des racines de staticé pour le tannage des cuirs, p. 62.
   Observations sur les qualités nutritives comparées de l'orge et de l'avoine, p. 73.

   Bull Soc. cent. Agric. Paris, XIV, 1858-59.

233. *Rapport sur le concours pour les prix relatifs aux arts insalubres, pour l'année* 1857.

   Paris. Comp.-Rend. XLVI, 1858, p. 282-284.

234. *Note sur quelques expériences de contraste simultané des couleurs.*

   Paris. Comp.-Rend. XLVII, 1858, p. 196-198.

235. *Observations sur la couleur du sang de chèvre exposé au contact du gaz atmosphérique, oxygène, azote et acide carbonique.*

   Paris. Comp.-Rend. XLVII, 1858, p. 253-254.

236. *Influence de la lumière dans les actions moléculaires.*
   Note relative à diverses circonstances de l'action chimique de la lumière sur les corps. (Communication faite à l'occasion de celle de M. Niepce de Saint-Victor.)
   Première circonstance. — Lumière agissant seule soit pour décomposer un corps, soit pour combiner deux corps, p. 1007.
   Deuxième circonstance. — La lumière agit concurremment avec un corps sur un corps complexe, p. 1007.

   Paris. Comp.-Rend. XLVII, 1858, p. 1006-1011.
   Bull. Soc. Encourag. VI, 1859, p. 369-373.

1859.

237. *Différence entre l'analyse immédiate des produits de l'organisation et l'analyse minérale.*

Paris. Comp.-Rend. XLVIII, 1859, p. 142-144.

238. *Rapport sur le concours pour les prix relatifs aux arts insalubres, pour l'année 1858.*

Paris. Comp.-Rend. XLVIII, 1859, p. 507-509.

239. *Note sur quelques propriétés de l'oxalate de chaux.*

Paris. Comp.-Rend. XLVIII, 1859, p. 969-972.
Journ. Pharm. XXXVI, 1859, p. 263-266.
Moniteur scientif. II, 1859, p. 238.

240. *Décomposition de l'oxalate de chaux par l'azotate d'argent.* — Considérations sur les dissolvants, eu égard aux sels principalement.

Paris. Comp.-Rend. XLVIII, 1859, p. 713-715.
Moniteur scientif. II, 1859, p. 178-179.
Journ. de Pharm. XXXV, 1859, p. 334-336.
Erdm. J.-F. Prak. Chem. LXXXIV, p. 453-455.

241. *Observations sur l'influence des épices dans l'alimentation, p. 91.*

Observations sur la viande de boucherie, p. 95, 97, 107, 149.

Observations sur l'influence du charbon de terre sur la végétation, p. 105-106.

Observations sur le teillage et le rouissage du lin, p. 181.

Considérations sur la législation du commerce des céréales, p. 159 à 284.

Observations sur la composition des animaux de boucherie, p. 166.

Observations sur le rendement des récoltes, p. 317.

Observations sur la maladie des pommes de terre, p. 383, 385, 552, 598.

*Rapport sur la grande médaille d'or décernée à
M. Pierre Berthier*, p. 562-563.
Observations sur la sériculture, p. 580.
Observations sur des procédés de vinification,
p. 584.
Observations sur la production des morilles, p. 597.
*Observations sur les blés dits des tombeaux
égyptiens*, p. 604, 606, 607, 608.
*Observations sur l'emploi du phosphate de chaux
dans les terrains fertiles*, p. 609.
*Observations sur les facultés germinatives de
quelques arbres*, p. 623.

Bull. Soc. cent. Agric. Paris, XIV, 1858-59.

242. *Observations sur l'instruction agricole*, p. 13-14.
Observations sur la conservation des fruits, p. 40, 54.
*Observations sur l'assimilation du phosphate de
chaux par les plantes*, p. 97.

Bull. Soc. cent. Agric. Paris, XV, 1859-60.

243. *Considérations sur la neutralité des saveurs et des
odeurs et sur la neutralité chimique en général.*

Paris. Comp.-Rend. XLIX. 1859, p. 147-157.

244. *Note sur l'usage du goudron en thérapeutique et
sur la manière d'agir des désinfectants.*

Paris. Comp.-Rend. XLIX, 1859, p. 197-198.

245. *Remarques sur une note de M. Calvert relative à
l'emploi du coal-tar en médecine.*
M. Chevreul annonce à cette occasion la continuation
de ses propres recherches sur les goûts et les
saveurs.

Paris. Comp.-Rend. XLIX, 1859, p. 264-265.

246. *Réflexions relatives aux notes de MM. J. Pierre et
Beauvallet* (engrais).

Paris. Comp.-Rend. XLIX, 1859, p. 302-304.

247. *Rapport sur les allumettes chimiques dites hygié-
niques et de sûreté.* (Les allumettes androgynes et
les allumettes chimiques sans phosphore ni poison.)
1. Examen des allumettes androgynes au point de
vue de la sûreté, p. 435.
2. Examen des allumettes chimiques sans phosphore
ni poison, de M. Canouil, p. 437.

Paris. Comp.-Rend. XLIX, 1859, p. 434-439.
Journ. de Pharm. XXXVI, 1859, p. 360-364.
Moniteur scientif. II, 1859, p. 378-381.
Bull. Soc. Encourag. VI. 1859, p. 669-678.

1860.

248. *Chimie organique fondée sur la synthèse, par Mar-
celin Berthelot. — Recherches de M. Pasteur sur
la physique, la chimie et les productions végétales des matières en fermentation.*

1er ARTICLE.

A. Lavoisier a-t-il défini, dans les paroles qu'on cite
de lui, la chimie la science de l'analyse ? p. 627.
B. Y a-t-il vraiment quelque difficulté à montrer que
la chimie procède par la double voie de l'analyse et de la synthèse ? p. 630.
De la manière dont Berthelot envisage l'analyse et la
synthèse chimiques, p. 632.
Y a-t-il des motifs pour circonscrire le domaine de
la synthèse minérale, comme le fait Berthelot ?
p. 639.
N'y aurait-il pas eu avantage, pour traiter le sujet
précédent, de partir de la définition de la chimie
et de la distinction de la matière en types définis,
appelés espèces chimiques ? p. 641.

2ᵉ Article.

1. La fusion de la chimie organique, végétale et
animale, avec la chimie minérale, a été opérée
avant Berthelot, p. 685.

Première proposition.—Les composés inorganiques ne diffèrent pas essentiellement des
composés organiques par la stabilité, p. 686.

Deuxième proposition, concernant la définition des espèces chimiques et la définition
des espèces de corps composés, en ayant
égard à trois sortes de considérations, p. 687.

Troisième proposition. — Aucun caractère ne
distingue les composés inorganiques des
espèces composées organiques, p. 688.

Quatrième proposition, concernant une classification des espèces chimiques, indépendante
de leur origine et uniquement fondée sur des
considérations chimiques, p. 690.

2. De l'étude de la nature des forces des corps vivants,
p. 694.

Journ. des Savants, 1860, p. 625-645, 677-698.

249. *Note accompagnant la présentation du complément de ses recherches sur la science et l'art de
la teinture.*

Paris. Comp.-Rend. L. 1860, p. 883-887.

250. *Rapport sur le concours pour les prix relatifs aux
arts insalubres, pour l'année 1860.*

Paris. Comp.-Rend. L, 1860, p. 225-227.

251. *Note sur les étoffes de soie teintes avec la fuschine,
et réflexions sur le commerce des étoffes de
couleurs.*

Paris. Comp.-Rend. LI, 1860, p. 73-79.
Bull. Soc. Encourag. VII, 1860, p. 427-429.

252. *Sur une question relative à la loi du contraste simultané des couleurs; remarques faites à l'occasion de certaines circonstances notées par M. Laussedat, dans une observation d'éclipse solaire.*

Paris. Comp.-Rend. LI, 1860. p. 448-449.
Moniteur scientif. II, p. 859-860.

253. *Sur la panification de M. Mège-Mouriès*, p. 134, 211, 221.

Sur les moyens d'accélérer la maturité des oranges, p. 151.

Emploi du bouleau pour le drainage, p. 159.

Observations sur un procédé de M. Kaufmann, p. 162.

Discours lu à l'occasion de la mort de M. Louis Vilmorin, p. 196-199.

Observations relatives aux marrons, p. 222.

Observations sur la culture du Glaucie, p. 223.

Observations sur la culture de l'Ailante, p. 255, 560.

Sur la conservation des fourrages verts, p. 279, 321.

Observations au sujet du rapport de la Commission sur les logements insalubres, p. 302.

Observations sur le phosphate de chaux, p. 306.

Sur l'emploi des eaux de blanchissage pour l'arrosement, p. 310.

Observations sur un nouveau procédé de rouissage, p. 329.

Discours prononcé à la séance publique annuelle du 5 août 1860, p. 375-380.

Rapport sur un mémoire de M. Cloëz relatif au Glaucie, p. 530-531.

Observations sur le blé d'Egypte, p. 563.

Observations sur le ravage des Galéruques des ormes, p. 569.

Bull. Soc. cent. Agric. Paris, XV, 1859-60.

254. *Observations sur le miel de mont Hymète*, p. 31.
    Discours prononcé aux funérailles du duc Decazes,
        p. 39-41.

> Bull. Soc. cent. Agric. Paris. XVI, 1860-61.

255. *Remarques à l'occasion d'une communication de
    M. A. Damour. — Changements constatés dans
    les produits gazeux de certaines sources miné-
    rales observées en différents temps.*

> Paris. Comp.-Rend. LI, 1860, p. 563-564.

256. *Du rôle de la synthèse dans la chimie; remarques
    accompagnant la présentation d'un ouvrage de
    M. Berthelot.*

> Paris. Comp.-Rend. LI, 1860, p. 342-348.

257. *Guyton de Morveau. — Digressions académiques.
    — Eléments de chimie théorique et pratique. —
    Traité des moyens de désinfecter l'air. — 1 vol.
    du Dictionnaire de chimie de l'Encyclopédie,*
        p. 41.
    *Fourcroy. — Eléments d'histoire naturelle et de
    chimie. — Philosophie chimique. — Système des
    connaissances chimiques*, p. 44.
    Louis-Bernard Guyton de Morveau, 1737-1816, p. 41.
    Antoine-François de Fourcroy, 1755-1809, p. 44.

> Journ. des Savants, 1860, p. 40-50.

258. *Claude-Louis Berthollet*, 1748-1822. — *Mémoires
    divers. — Description de l'art du blanchiment. —
    Eléments dè l'art de la teinture. — Mémoires
    sur l'affinité*, 1806. — *Essai de statistique chimi-
    que*, 1803.
    Mémoire sur l'affinité, 1806, p. 249.
        1. De l'influence de la quantité dans les actions
            chimiques, p. 251.
        2. Des affinités électives, p. 255.

3. De la constitution des corps et des causes autres que l'affinité qui agissent dans les actions chimiques, p. 256.

4. De la force de cohésion relativement à la décomposition mutuelle des sels solubles, p. 258.

5. De l'acidité et de l'alcalinité, p. 261.

Journ. des Savants, 1860, p. 241-262.

1861.

259. *Quelques remarques concernant la théorie de la teinture, la pratique de ses procédés et le commerce des étoffes teintes relativement au consommateur.*

1. Impossibilité de maintenir la distinction de deux classes d'étoffes, étoffes de grand teint et étoffes de petit teint, p. 827.

2. Distinctions propres à donner toutes les garanties désirables au commerce des étoffes teintes, en respectant d'une manière absolue la liberté de l'industrie, p. 885, 937.

Paris. Comp.-Rend. LII, 1861, p. 825-835.
Voir Recherches sur la teinture, 1836-1864, 11ᵉ mémoire.
Paris. Comp.-Rend. LII, 1861, p 885-890 ; 937-942.

260. *Remarques à l'occasion d'un mémoire de M. Frémy : « Recherches sur la composition de la fonte et de l'acier ».*

Paris. Comp.-Rend. LII, 1861, p. 423-424.
Bull. Soc. Encourag. VIII, 1861, p. 349-351.

261. *Présentation à l'Académie du recueil des travaux scientifiques de M. Ebelmen.*

Paris. Comp.-Rend. LIII, 1861, p. 129-130.

262. *Analyse d'un mémoire de M. Leclair ayant pour titre : « Recherches concernant l'influence que peut avoir l'essence de térébenthine sur la santé des ouvriers peintres en bâtiments et des personnes qui habitent un appartement nouvellement peint ».*

Paris. Comp.-Rend. LIII, 1861, p. 111-112.

263. *Rapport sur le concours pour le prix Jecker de 1861* (accordé à l'unanimité à M. Pasteur).

Paris. Comp.-Rend. LIII, 1861, p. 159-163.

264. *Rapport sur le concours pour les prix relatifs aux arts insalubres, pour l'année 1861.*

Paris. Comp.-Rend. LIII, 1861, p. 1147.

265. *Exposé d'un moyen de définir et de nommer les couleurs d'après une méthode précise et expérimentale, avec l'application de ce moyen à la définition et à la dénomination des couleurs d'un grand nombre de corps naturels et de produits artificiels.* Atlas de 12 pl. col.

Dédicace à la Société royale de Londres.

Quatre modifications d'une couleur matérielle, p. 4.

Construction chromatique hémisphérique, p. 5.

Couleurs complémentaires, p. 7.

Explication de la manière dont on passe de l'indéfini au fini de la couleur, p. 13.

1re Partie.

De la réalisation de la construction chromatique hémisphérique.

I. Exposé de la manière dont on a procédé pour choisir les 72 gammes qui correspondent aux couleurs du plan circulaire de la construction chromatique hémisphérique, p. 25.

Le 15 août 1842, la *Société des Arts utiles* de Lyon a décidé qu'une demande sera adressée à M. le Ministre de l'Agriculture et du Commerce, pour qu'une construction chromatique hémisphérique soit exécutée par la manufacture de Sèvres, à l'usage de l'industrie lyonnaise, p. 11.

1re Catégorie.

2e Catégorie.

3e Catégorie.

Règne animal.

M. Chevreul fait une classe des races d'hommes, p.841.
1. Homme, p. 843. — 2. Animaux mammifères proprement dits, p. 845. — 3. Oiseaux, p. 849. —
4. Reptiles, p. 883. — 5. Poissons, p. 885.
Mollusques gastéropodes, p. 887.
Mollusques acéphales, p. 893.
Crustacés, p. 896. — Arachnides, p. 897. — Insectes,
p. 898.
Polypes, p. 907. — Spongiaires, p. 909.

Epilogue.

Imperfection des types de la laine teinte qui manque
d'éclat, ou de ce que M. Chevreul appelle *nitens*.
Résumé des idées qui ont présidé à la construction
chromatique hémisphérique, p. 912.
Exposé d'un moyen dont M. Chevreul aurait procédé
pour remédier à l'inconvénient de certaines
gammes de laine qui manquent de *nitens*, p. 917.
Post-scriptum, p. 924.
1re *Note*. — Sur le *nitens*, p. 925.
2e *Note*. — Sur la justification de la comparaison du
contraste simultané des couleurs avec deux lignes
inégales parallèles et juxtaposées, p. 929.
3e *Note*. — Sur les flammes colorées, p. 932.

Mém. Acad. Sc. XXXIII, 1861, p. 1-932; avec atlas de 12 pl.

266. *Rapport sur le concours pour le prix Trémont
de* 1861.

Paris. Comp.-Rend. LIII, 1867, p. 1139-1141.

267. *Découverte de l'acide butyrique dans les fruits du
Gingko biloba.*

Paris. Comp.-Rend. LIII, 1861, p. 1225-1226.
Moniteur scientif. IV, 1862, p. 55

268. *Remarques sur la conversion de l'amidon en dextrine et sur la conversion partielle de cette dextrine en glucose par l'influence de la diastase.*

Paris. Comp.-Rend. LIII, 1861, p. 1224-1225.

269. *Remarques à propos d'un mémoire de M. Boneti, sur la décomposition spontanée du coton-poudre sous l'influence de la lumière diffuse.*

Paris. Comp.-Rend. LIII, 1861, p. 407-408.
Moniteur scientif. III, 1861, p. 510-511.

270. *Remarques à l'occasion d'une communication de M. Peligot sur les produits qui résultent de l'action simultanée de l'air et de l'ammoniaque sur le cuivre.*

Paris. Comp.-Rend. LIII, 1861, p. 214-215.

271. *Remarques à l'occasion d'une communication de M. Boussingault, sur le dosage de l'azote des azotures contenus dans le fer et l'acier.*

Paris. Comp.-Rend. LIII, 1861, p. 10-11.
Moniteur scientif. III, 1861, p. 383-384.

272. *Sur la conservation des bois, p. 87, 240, 244.*
Observations sur le défrichement des landes, p. 154.
Observations sur une communication relative au rendement en viande nette d'un bélier Mauchamp-mérinos, p. 167.
Observations sur la conservation du pain, p. 147.
Observations sur le rouissage du lin. p. 168, 185.
Sur la condition des soies. p. 183.
Sur l'ortie blanche de Chine, p. 214.
Observations sur le Bombyx aurata, p. 226.
Observations sur le Fibrillia, p. 231.
Observations sur les bois d'arbres exotiques cultivés en France, p. 248.
Observations sur le procédé de panification Dauglish, p. 252.

Observations sur la Sequoia gigentea, p. 282.
*Observations au sujet du procédé d'extraction du
sucre, de M. Rousseau*, p. 365.
Sur la maladie des betteraves, p. 368.
Sur la composition des champignons, p. 379.
Observations sur le riz sec, p. 385.
*Observations sur un procédé de dissolution des
phosphates*, p. 421.
Observations sur la culture des pommes de terre,
p. 423.
*Observations sur des engrais de phosphate de chaux
et de fer*, p. 431.

> Bull. Soc. cent. Agric. Paris, XVI, 1860-1861.

273. *Sur les fruits du Ginkgo biloba*, p. 12, 52-54.
Observations sur les eaux du Nil, p. 15, 21, 39.
Sur la préparation des fumiers, p. 19.
Sur la culture des céréales, p. 20.
Sur l'amidon dans les fruits charnus, p. 24-25.
Observations sur les blés de Californie, p. 28, 63.
*Sur un nouveau procédé de culture des champi-
gnons*, p. 51.

> Bull. Soc. cent. Agric. Paris, XVI, 1861-1862.

274. *Epilogue de son ouvrage sur un moyen de définir
et de nommer les couleurs d'après une méthode
précise et expérimentale.*

> Paris. Comp.-Rend. LIII, 1861, p. 305-307.
> Moniteur scientif. III, 1861, p. 503-504.

275. *Recherches chimiques sur la teinture.*
*Influence du mordançage; persistance, après la-
vage, de l'amidon employé comme apprêt des
toiles de coton. Détermination de la couleur
d'un échantillon d'Azaléine.*

> Paris. Comp.-Rend. LIII, 1861, p. 981-884.
> Moniteur scientif. III, 1861, p. 257-258.
> Moniteur scientif. III, 1861, p. 630-631.
> Bull. Soc. Encourag. VIII, 1861, p. 354-357.

276. *Recueil des travaux scientifiques de M. Ebelmen.*
3 vol. in-8, 1855-1861.

Journ. des Savants, 1861, p. 656-673.

1862.

277. *Introduction aux XIIIe et XIVe mémoires des recherches sur la teinture.*

Paris. Comp.-Rend. LIV, 1862, p. 877-880.

278. *Remarques faites à l'occasion de la présentation des nouvelles recherches de M. Niepce de Saint-Victor.*

Paris. Comp.-Rend. LIV, 1862, p. 299.

279. *Remarques à l'occasion du rapport sur le mémoire de M. Le Play, sur l'origine de la chaux qui se trouve dans les plantes cultivées sur certains sols.*

Paris. Comp.-Rend. LIV, 1862, p. 405-406.
Moniteur scientif. IV, 1862, p. 194-195, 636-638.

280. *Note accompagnant la présentation d'un mémoire de M. Lefèvre sur les effets du plomb dans la production de la colique sèche.*

Paris. Comp.-Rend. LV, 1862. p. 413-418.

281. *Observations sur la propriété décolorante de l'eau oxygénée mêlée avec plusieurs matières colorées d'origine organique.*

Paris. Comp.-Rend. LV, 1862, p. 737-738.
Bull. Soc. Encourag. IX, 1862, p. 686-687.

282. *Rapport sur le prix Barbier, en 1862.*
Paris. Comp.-Rend. LV. 1862, p. 984-985.

283. *Observations sur le procédé Rousseau pour l'extraction du sucre de betterave, p. 130.*

Tourteaux de graines oléagineuses, p. 162-167.
Observations sur une presse à fourrages, p. 179.
Reconstitution du cheval primitif, p. 235.
Effets de la gelée, p. 277, 307.
Chaux animalisée, p. 283, 297.
Maladie des bêtes ovines, p. 293.
Sur la découverte des sources, p. 295, 301.
Rouissage du lin et du chanvre, p. 299.
Sur le soufrage de la vigne, p. 311.
Sur la maladie des vers à soie, p. 339, 370.

Bull. Soc. cent. Agric. Paris, XVII, 1861-1862.

284. *Résidus des savonneries employés comme engrais,*
p. 354.

Extraction de la potasse de la laine, p. 356, 370,
374.

Sur la destruction des courtillières, p. 364.
Sur la matière textile du mûrier, p. 246.

Bull. Soc. cent. Agric. Paris, XVII, 1861-62.

Sur la panification, procédé Dauglish, p. 26.
Sur la chaux animalisée, p. 39.
*Discours prononcé à la séance publique annuelle
tenue le dimanche 28 décembre 1862,* p. 81-82.

Bull. Soc. cent. Agric. Paris, XVIII, 1862-63.

285. *L'art de découvrir les sources, par l'abbé Para-
melle,* 2 vol. in-8.

*Voyages d'un hydroscope ou l'art de découvrir les
sources, par F. Amy,* in-12, 1861.

L'examen de ces ouvrages est précédé d'un résumé
des sciences occultes.

1er Article.

1. Utilité d'un résumé des sciences occultes, p. 47.
2. Manière dont nous concevons le résumé, p. 50.

Journ. des Savants, 1862, p. 46-61, 98-111, 273-286, 418-436.

1863.

286. *Réfutation de M. Chevreul, des allégations contre
l'administration du Muséum d'Histoire natu-*

relle, proférées à la tribune du Corps législatif dans la séance du 19 juin 1862, suivie d'une lettre du colonel Favé. In-4°, 26 p.

287. *Réfutation de M. Chevreul, des allégations contre l'administration du Muséum d'Histoire naturelle, proférées à la tribune du Corps législatif dans la séance du 19 juin 1862. — I. Lettre du colonel Favé. — II. Lettre du général Allard. — III. Rapport de M. Chevreul. — IV. Lettre de M. Chevreul au ministère de l'instruction publique. — V. Epilogue. — In-4°, 1863, 37 p.*

288. *Sur la méthode expérimentale en général, et en particulier sur un mode de distribution des espèces zoologiques dit par étages.*

I. Des notions principales de philosophie générale, p. 410.

II. Des notions principales du ressort de la chimie, et des rapports de cette science avec les connaissances humaines, p. 410.

Spécimen d'une distribution, dite par étages, des espèces zoologiques, p. 157, avec 2 pl.

Paris. Comp.-Rend. LVII, 1863, p. 409-412, 457-463.
Moniteur scientif. V, 1863, p. 681.

289. *Note sur les vitraux peints et la vision des objets colorés.*

Paris. Comp.-Rend. LVII, 1863, p. 618-620.

290. *Mémoire sur les vitraux peints.*

I. Distinction de diverses sortes de verre qui entrent dans la confection des vitraux peints, p. 655.

1. Examen de la matière grumelée, p. 656.

2. Examen des vitraux peints de Saint-Gervais, p. 657.

de carbone pendant l'absorption de l'oxygène par certaines substances végétales.

* Paris. Comp.-Rend. LVII, 1863, p. 893-894.

296. *Opinions de M. Chevreul sur la propriété industrielle des rouges d'aniline.*

> Lettre écrite le 22 juillet 1862 à l'Avocat général.
> Moniteur scientif. V, 1863, p. 216-217.

297. *Lettre de M. Chevreul, directeur du Muséum, au général Allard, chargé de faire un rapport sur la situation du Muséum.*

> Moniteur scientif. V, 1863, p. 73-74.
> Journ. *la Presse*, 15 janvier 1863.

298. *Mémoires des professeurs - administrateurs du Muséum d'Histoire naturelle en rapport fait en 1858, par une commission chargée d'étudier l'organisation de cet établissement.* Paris, 1863, in-4°, 147 p.

299. *Histoire naturelle générale des règnes organiques étudiée chez l'homme et les animaux, par Isid. Geoffroy Saint-Hilaire.* Paris, Masson, 1854-56, 2 vol. in-8.

Articles sur cet ouvrage :

1er ARTICLE.

1. De l'analyse et de la synthèse dans les sciences naturelles, p. 610.

2e ARTICLE.

1. De la classification des sciences, p. 742.
2. Des séries paralléliques de M. I. Geoffroy, p. 752.

Observations sur les landes de Gascogne, p. 63, 117.

Sur une nouvelle substance organique dans le jus des betteraves, p. 83, 101.

Sur le bouquet des vins, p. 104, 113.

Sur la destruction des insectes du colza, p. 113.

Bull. Soc. cent. Agric. Paris. XIX, 1863-64.

1864.

302. * *Considérations sur la philosophie et application à la médecine d'une méthode employée à rechercher la cause des différences que présentent les eaux naturelles dont on fait usage en teinture.*
1. De la philosophie distinguée en philosophie morale et en philosophie naturelle, p. 1.
2. Application de ces considérations à la méthode chimique employée dans le quatorzième Mémoire et étendue à l'examen critique de l'usage des eaux minérales en thérapeutique, p. 8.

   Des connaissances relatives aux propriétés thérapeutiques des eaux médicales, p. 16.

   Robin. Journ. Anat., I, 1864, p. 1-26.

303. *Sur la généralité de la loi du contraste simultané. — Réponse aux observations de M. Plateau, insérées dans les comptes rendus de la séance du 21 mai 1863.*

   Paris. Comp.-Rend., LVIII, 1864, p. 100-104.

304. *Remarques à l'occasion de celles faites par M. Pelouze sur une communication de M. Mège-Mouriès, concernant la fabrication des acides gras propres*

---

* Appendice aux douzième, treizième et quatorzième Mémoires des recherches sur la teinture (Mém. Acad. Sc., 1864).

à la confection des bougies et à la fabrication des savons.

Paris. Comp.-Rend., LVIII, 1864, p. 869-871.
Moniteur scientif., VII, 1864, p. 411-413.

305. *Remarques à l'occasion d'une communication de M. Pelouze, sur la saponification des corps gras par les sulfures alcalins.*

Paris. Comp.-Rend., LVIII, 1864, p. 25-28.
Moniteur scientif., VI, 1864, p. 700-702.

306. *Sur la nature de la matière noire provenant de l'alios des landes de Bordeaux.*

Paris. Comp.-Rend., LIX, 1864, p. 64-66.
Moniteur scientif., VI, 1863, p 707.

307. *Remarques à l'occasion d'une communication de M. Millon sur la fermentation.*

Paris. Comp.-Rend., LIX, 1864, p. 145.

308. *Remarques à l'occasion d'une communication de M. Coste : Développement des infusoires ciliés dans une macération de foin.*

Paris. Comp.-Rend., LIX, 1864, p. 156-162.

309. *Note historique sur les manières diverses dont l'air a été envisagé dans ses relations avec la composition des corps.*

Paris. Comp.-Rend., LIX, 1864, p. 873-982.
Paris. Comp.-Rend., LX, 1865, p. 497-512.
Moniteur scientif., VI, 1863, p. 874-875.

310. *Observations sur le teillage mécanique du chanvre,* p. 287.

Sur l'emploi du maïs pour la nourriture des chevaux, p. 342-343, 346.

Observations sur le ver à soie du chêne, p. 376.

Discours à la séance publique annuelle tenue le dimanche 10 avril 1864, p. 393-406.

Sur la consanguinité, p. 349, 555, 569.

Sur la destruction du puceron lanigère, p. 554.

Observations sur l'Hylesinus du frêne, p. 566, 569.

Sur les engrais, p. 611, 613, 614.

Sur les amandes d'un cône du pin-pignon, p. 629, 630, 637.

Sur les substances azotées dans les feuilles des mûriers et dans les végétaux en général, p. 640.

Observations sur la maladie des orangers, p. 658, 659.

Observations sur la congélation de l'eau, p. 668.

Observations sur les générations spontanées, p. 671-677.

De la verse des blés, p. 683.

Sur la fécondation artificielle des céréales, p. 697.

Observations sur la luzerne chinoise ou moûsiù, p. 716, 719, 748.

Observations sur les cultures de M. Jules Reiset, p. 717, 755.

Bull. Soc. cent. Agric. Paris, XIX, 1863-64.

311. *Sur le guano des îles Swan*, p. 8, 51.

Observations sur le soufrage de la vigne, au moyen de l'évaporation du soufre, p. 10.

Examen d'une substance organique contenue dans les eaux d'Olette (Pyrénées-Orientales), p. 12-28.

Observations sur la composition des eaux courantes, par M. Robinet, p. 31.

Sur l'arrosage des poiriers, p. 39, 52.

Sur la culture de la cochenille aux îles Canaries, p. 17.

Instructions à M. Chamgion pour un voyage en Chine, p. 67.

Observations sur la définition de la race dans les animaux domestiques, p. 78.

Sur l'ortie blanche et l'ortie utile. p. 91.

Bull. Soc. cent. Agric. Paris. XX, 1864-65.

312. *Sur l'application de l'aluminate de soude au mordançage*, p. 557.

Bull. Soc. Encourag., 1864, p. 557.

313. * *De l'abstraction considérée relativement aux beaux-arts et à la littérature.* Dijon, 1861, in-8, 54 p., 2 tableaux.

314.** *Des couleurs et de leurs applications aux arts industriels, à l'aide des cercles chromatiques, par E. Chevreul, directeur des teintures à la Manufacture des Gobelins, professeur au Muséum d'Histoire naturelle de Paris, membre de l'Institut.* Paris, 1864, 1 vol. in-folio, avec 27 planches coloriées.

Table des planches. — Spectre (1). — Gammes de tons bleus (1). — Zones circulaires des couleurs (2). — Cercles chromatiques (10). — Gammes chromatiques (13).

1865.

315. *Considérations sur l'histoire de la partie de la médecine qui concerne la prescription des remèdes, à propos d'une communication faite à*

* Quatrième partie d'un ouvrage intitulé : *De l'abstraction considérée comme élément des connaissances humaines dans la recherche de la vérité absolue.*

** Ce travail a été rédigé avec l'autorisation de M. Chevreul, d'après : 1° son *Rapport sur les tapisseries et les tapis des manufactures nationales, à l'Exposition de Londres de 1851* ; 2° son *Exposé d'un moyen de définir les couleurs;* 3° une note signée DIGEON, *sur la chromochalcographie.*

Air envisagé comme corps complexe, p. 497.

    A. Priestley considéré au point de vue de la découverte des faits, p. 498.

    B. Priestley considéré au point de vue de l'interprétation des faits, p. 500.

    Scheele, p. 501,

    Lavoisier, p. 505.

Paris. Comp.-Rend., LX, 1865, p. 497-512.
Moniteur scientif., VII, 1865, p. 33, 303, 306.

318. *Remarques à l'occasion d'une note de M. Carret sur une nouvelle espèce d'épidémie apparue en Savoie.*

Paris. Comp.-Rend., LX, 1865, p. 795.

319. *Distribution des connaissances humaines du ressort de la philosophie, etc.*

Paris. Comp.-Rend., LXI, 1865, p. 64, 100, 144.
Moniteur scientif., VII, 1865, p. 744, 756.

320. *Présentation d'une partie d'un travail inédit sur l'abstraction comme élément des connaissances humaines, et un opuscule : Considérations générales sur l'histoire de la médecine qui concerne la prescription des remèdes.*

Paris. Comp.-Rend., LXI, 1865, p. 145-146.

321. *Réflexions sur un mémoire de M. Payen sur l'iodure de potassium.*

Paris. Comp.-Rend., LXI, 1865, p. 473.

322. *Note sur le panorama (suite d'un mémoire sur la vision).* Vol. XXX des Mém. Acad. Sc.

Premières causes d'effets contraires à l'illusion, p. 671.

Deuxièmes causes d'effets contraires à l'illusion, p. 672.

Paris. Comp.-Rend., LXI, 1865, p. 670-672.
Moniteur scientif., VII, 1865, p. 1001.

Sur la composition de l'alios, p. 591-599.
Sur une épizootie en Angleterre, p. 597.
Sur la concentration des jus sucrés par le froid,
    p. 566.
Sur la culture du houblon en Alsace, p. 555, 563.

Bull. Soc. cent. Agric. Paris, XX, 1864-65.

330. *Sur le minium de fer, p. 3.*
Sur la composition de l'alios, p. 7.
Inauguration de la statue de Buffon, p. 8, 9, 12.
Sur la cherté de la main-d'œuvre, p. 28.
Observations sur les orages à grêle, p. 63.
Observations sur l'extrait de viande (Liebig),
    p. 88-90.
Observations sur la maladie des vers à soie, p. 95.
Observations sur le typhus contagieux du gros
    bétail, p. 87.

Bull. Soc. cent. Agric. Paris, I, 1865-66.

1866.

331. *Sur l'emploi agricole de l'acide phénique, p. 130,*
    131.
Influence de la composition minérale des terres à
    garance sur la matière colorante, p. 133.
Observations sur l'engrais flamand, p. 357.
Sur la législation des grains, p. 376.
Sur la fabrication en Chine de l'Isinglass, p. 405.
Sur la conservation des œufs en Chine, p. 548.
Utilisation des plumes d'oie, p. 558.
Sur la destruction des animaux nuisibles par les
    animaux utiles, p. 564.
Sur l'agriculture et les engrais chinois, p. 564.
Sur les léporides, p. 609.

Sur la carte agricole du département de Seine-et-Marne, p. 612.
Emploi des vidanges et eaux vannes, p. 620, 631.
Examen de la terre des rizières de la Chine, p. 634.
Observations sur le seigle ergoté, p. 634.
Sur l'emploi du Dialium en Chine, p. 644.
Observations sur le Sequoia gigantea, p. 654.
Observations sur le Paraverse outardel, p. 670-671.

Bull. Soc. cent. Agric. Paris, I, 1865-66.

332. *Histoire des connaissances chimiques.* Paris, Gide, 1866, 1 vol. in-8, 480 p., 1 pl.

M. Chevreul a divisé cet ouvrage en cinq livres (voir la préface).

1er LIVRE.

Notions de philosophie générale, p. 11.

Définition des mots *matière, corps, propriétés, fait*, p. 13.

Définition de la méthode *a posteriori* expérimentale, p. 21.

Aucune science expérimentale n'est exempte d'hypothèse, p. 29.

2e LIVRE.

I. Aperçu de l'étendue du domaine de la chimie, p. 35.

II. Connaissances essentielles à la chimie pure, p. 41.
Six classes de connaissances chimiques :
1. Connaissances relatives aux phénomènes passagers de l'action chimique, lorsqu'il y a production de chaleur, de lumière, d'électricité et de magnétisme, p. 43.

4e Livre.

5e Livre.

LIVRE 1er.

LIVRE 2.

333. * *Distribution des connaissances humaines du ressort de la philosophie naturelle, conforme à la manière dont l'esprit humain procède dans la recherche de l'inconnu, en allant du concret à l'abstrait et revenant de l'abstrait au concret.*

Mém. Acad. Sc. XXXV, 1866, p. 519-584; 1 pl.

334. *Des arts qui parlent aux yeux au moyen des solides colorés d'une étendue sensible, et en par-*

* Voir *Histoire des connaissances chimiques*, p. 199-295.

ticulier des arts du tapissier des Gobelins et du tapissier de la Savonnerie.

1er ARTICLE.

2e ARTICLE.

Au point de vue abstrait, p. 651.

Au point de vue de l'application, p. 655.

A. Au point de vue de l'hygiène, p. 652.

B. Au point de vue de l'étude de la vie, p. 657.

3ᵉ ARTICLE.

2. Recherches sur la teinture proprement dite,
p. 769.

Coloration par imprégnation, p. 772.

De la confection des tapisseries des Gobelins et des
tapis de la Savonnerie.

A. Principe du contraste des couleurs, p. 773.

B. Principe du mélange des couleurs, p. 774.

Classement des laines et soies teintes destinées à la
tapisserie, p. 776.

Du jugement qui préside au choix du modèle et à
l'appropriation des fils colorés les plus convenables
à le reproduire, en obtenant le meilleur effet pos-
sible, p. 778.

Conséquence de la surface cannelée des tapisseries,
p. 778.

Conséquence de l'altérabilité des couleurs de la laine
et de la soie, p. 779.

Journ. des Savants, 1866, p. 562-576, 641-657, 769-787.

335. *Remarques à l'occasion d'une communication de
M. Foucault sur un moyen d'affaiblir les rayons
du soleil au foyer des lunettes.*

Paris. Comp.-Rend. LXIII, 1866, p. 415.

336. *Note historique sur l'âge de pierre en Chine.*

Paris. Comp.-Rend. LXIII, 1866, p. 281-282.

337. *Remarques à l'occasion d'une communication de
M. Balbiani, relative à la maladie des vers à*

soie, et sur la difficulté que peut présenter le papier de tournesol.

Paris. Comp.-Rend. LXIII, 1866, p. 443-444.
Moniteur scientif. VIII, 1866, p. 881

338. *Remarques à l'occasion d'une lettre de M. Jullien sur les affinités capiliaires.*

Paris. Comp.-Rend. LXIII, 1866, p. 400, 402, 457

339. *Remarques à l'occasion d'une note de M. Bechamp sur l'analyse des eaux de Vergèze.*

Paris. Comp.-Rend. LXIII, 1866, p. 563-564.
Moniteur scientif. VIII, 1866, p. 937.

340. *A l'occasion d'une note de M. Niepce de Saint-Victor sur l'héliochromie, M. Chevreul appelle l'attention sur un résultat qui lui semble mettre hors de doute les expériences de l'auteur.*

Paris. Comp.-Rend. LXIII, 1866, p. 569-570.

341. *Remarques à propos d'une note de M. Babinet sur l'explication de la combustion donnée par Stahl.*

Paris. Comp.-Rend. LXIII, 1866, p. 588-589.

342. *Remarques relatives à une communication de M. Mène sur les laitiers blancs.*

Paris. Comp.-Rend. LXIII, 1866, p. 610-611.
Moniteur scientif. VIII, 1866, p. 968.

343. *A l'occasion d'une note de M. Faudel, M. Chevreul signale la méthode à employer pour déterminer la proportion de la matière organique que peuvent contenir les os fossiles.*

Paris. Comp.-Rend. LXIII, 1866, p. 691-692.

344. *Observations relatives à une communication de M. Schloesing sur l'analyse des principes solubles de la terre végétale.*

Paris. Comp.-Rend. LXIII, 1865, p. 1012-1013.

345. *Remarques à l'occasion d'une communication de M. Gernez sur le dégagement des gaz de leurs solutions sursaturées.*

Paris. Comp.-Rend. LXIII, 1866, p. 886-887.

346. *Résultats de quelques analyses faites sur les matières volcaniques adressées de Santorin par M. de Cigalla.*

Paris. Comp.-Rend. LXIII, 1866, p. 833.

347. *Nouvelle communication sur le suint de mouton.*

Paris. Comp.-Rend. LXII, 1866, p. 1015-1016.
Moniteur scientif. VIII, 1866, p. 446.

348. *Note accompagnant la présentation de son « Histoire des connaissances chimiques ».*

Paris. Comp.-Rend. LXII, p. 1249-1257.
Moniteur scientif. VIII, 1866, p. 567, 587.

349. *Remarques sur une note de M. Nicklés sur des effets de coloration et d'extinction de couleurs produits par des lumières artificielles.*

Paris. Comp.-Rend. LXII, 1866, p. 93-94.

350. *Remarques à l'occasion d'un mémoire de M. Pelouze : « Mémoire sur les sulfures ».*

Paris. Comp.-Rend. LXII, 1866, p. 115.

351. *Extrait d'un mémoire sur des phénomènes d'affinité capillaire.*

Paris. Comp.-Rend. LXII, 1866, p. 61-69.
Voir Mém. Acad. Sc. XXXVI, 1870.
Moniteur scientif. VII, 1866, p. 687-777.

352. *Remarques au sujet d'une communication de M. Séguier sur les armes à feu.*

Paris. Comp.-Rend. LXIII, 1866, p. 162-163.

353. *Remarques à propos d'une communication de M. Jullien sur des phénomènes d'affinité capillaire.*

Paris. Comp.-Rend. LXIII, 1866, p. 267-268.

354. *Observations relatives à une note de M. de Quatrefages, accompagnant la présentation d'un ouvrage : « Histoire naturelle des annélés et des géphyriens ».*

Paris. Comp.-Rend. LXIII, 1866, p. 748.

1867.

355. *Observations sur les curures des mares et des fossés, p. 10.*
Sur la répartition de la potasse et de la soude dans les végétaux, p. 18, 19, 31, 79.
Examen d'échantillons de soie japonaise, p. 21.
Sur l'utilité du sel marin en agriculture, p. 31.
Sur la maladie de la canne à sucre, p. 56-57.
Sur le sucre de betteraves, p. 76.
Observations sur l'engrais flamand, p. 76-77.

Bull. Soc. cent. Agric. Paris, III, 1867-68.

356. *Réflexions et observations sur les matières tinctoriales en général, à propos de la présentation d'une note de M. Pernod : Préparation d'un extrait de garance pouvant être appliqué directement sur les tissus.*

Paris. Comp.-Rend. LXIV, 1867, p. 1289-1291.

357. *Observations relatives à une note de M. de la Rive sur un photomètre destiné à mesurer la transparence de l'air.*

Paris. Comp.-Rend. LXIV, 1867, p. 1225-1226.

358. *Note de critique historique et littéraire concernant deux écrits alchimiques publiés sous le nom d'Artefius et sous celui d'Alphonse X.*

Paris. Comp.-Rend. LXIV, 1867, p. 679-683.

359. *Observations relatives à un traité alchimique attribué pendant six siècles à Alphonse X, et qui n'est que la traduction du traité dû à Artefius.*

Paris. Comp.-Rend. LXIV, 1867, p. 640-641.

360. *M. Chevreul exprime le désir que la commission des vers à soie se procure des soies de provenances diverses et bien constatées, afin de savoir si elles présentent, selon leur origine, des différences quant à l'aptitude à recevoir la teinture.*

Paris. Comp.-Rend. LXIV. 1867, p. 379.

361. *Remarques à l'occasion d'une communication de M. Despine sur les fossiles découverts dans la grotte des Fées, près d'Aix-les-Bains.*

Paris. Comp.-Rend. LXIV, 1867, p. 308-309.

362. *Observations relatives à une communication de de M. Cavus sur les préservatifs du choléra.*

Paris. Comp.-Rend. LXIV, 1867, p. 26-27.

363. *Observations relatives à une communication de M. Demaire sur l'importation en France du Tlalsahuate* (insecte parasite).

Paris. Comp.-Rend. LXV, 1867, p. 216.
Moniteur scientif. X, 1867, p. 781.

364. *Observations relatives à des expériences de M. Demaire sur les propriétés de l'acide phénique.*

Paris. Comp.-Rend. LXV, 1867, p. 217-218.
Moniteur scientif X. 1867, p. 781

365. *Remarques à l'occasion des recherches de M. Pral sur la composition chimique des composés fluorés et sur l'isolement du fluor.*

Paris. Comp.-Rend. LXV, 1867, p. 347.

366. *Remarques relatives à un passage de Mariotte sur quelques faits analogues à ceux qui sont signalés par M. Melsens dans sa communication sur le passage des projectiles à travers les milieux résistants.*

Paris. Comp.-Rend. LXV, 1867, p. 570.

367. *Observations à propos d'une communication de M. Decharme sur divers phénomènes de vision.*

Paris. Comp.-Rend. LXV, 1867, p. 612-613

368. *Examen comparatif d'une soie d'origine française et d'une soie d'origine japonaise, relativement à leur aptitude à prendre la teinture.*

Paris. Comp.-Rend. LXV, 1867, p. 697-701.
Moniteur scientif. IX, 1867, p. 1017.

369. *Opuscule relatif à son enseignement du Muséum. Indication des objets qu'il a eus surtout en vue. (Espèces chimiques, minérales, etc.)*

Paris. Comp.-Rend. LXV, 1867, p. 136-138.

370. *Hommage à l'Académie d'un opuscule concernant les arts du tapissier des Gobelins et du tapissier de la Savonnerie, et quelques remarques sur la nature des recherches qui lui sont personnelles.*

Paris. Comp.-Rend. LXV, 1867, p. 139-140.

371. *Notes à propos du débat sur les correspondances de Pascal et de Newton, etc.*

Paris. Comp.-Rend. LXV, 1867, p. 124, 310.

372. *Examen critique, au point de vue de l'histoire de
la chimie, d'un écrit alchimique intitulé :
« Artefii clavis majoris sapientiæ, etc. »*

Paris. Comp.-Rend. LIV, 1867, p 679-683.
Voir. Mémoire Acad. Sc. XXXVI, 1870, p. 32, 82.

373. *Sur des cristaux volumineux de phosphate de
chaux.*

Moniteur scientif., IX, 1867, p. 875-876.

374. *Du traité alchimique d'Artefius intitulé : « Clavis
majoris sapientiæ. »*

1er Article.

I. De la reproduction du même traité sous la dénomination : *Sapientissimi arabum philosophi
Alphonsi, regis Castelluc,* etc., p. 767.

II-III. Notes relatives à des manuscrits de Grosparmy, de
Valois et de Vicot, et à leurs auteurs.

1. De Valois, p. 779. — Vicot, p. 781.

2e Article.

Exposé de la doctrine d'Artefius, p. 15.

1. Génération des métaux et minéraux, p. 53.
2. De la génération des êtres vivants, p. 54.
  A. De la génération des plantes, p. 55.
  B. De la génération des animaux, p. 56.
    I. De l'animal au point de vue de sa nourri-
    ture végétale, p. 56.
    II. Composition du corps de l'homme, p. 56.
    III. Moyens prescrits par Artefius pour faire
    descendre la lumière, l'esprit, d'une pla-
    nète dans un être terrestre, p. 58.

3ᵉ Article.

Opinions sur la matière, de Platon, d'Aristote, des savants du moyen-âge et des chimistes modernes.

Journ. des Savants. 1867, p. 767-784.
Journ. des Savants. 1868, p. 45-59, 153-157, 209-224, 644-655.

1868.

375. *Sur la fabrication du pain à Paris*, p. 186.
   Pomme de terre chardon améliorée, p. 285.
   Observations sur le Chondrus polymorphus, p. 311.
   Observations sur les engrais chimiques, p. 311, 326,
      327, 329, 471.
   Sur l'Eucalyptus globulus, p. 318-319.
   Observations sur la verse des blés, p. 323.
   Observations sur la destruction des hannetons,
      p. 350, 632, 679, 703.
   Observations sur l'analyse d'une eau de mer, p. 507.
   Désinfection des eaux d'égout et des vidanges,
      p. 523-524, 529, 537, 542.
   Sur le croisement des races, p. 624, 628, 661.
   Sur la maladie de la vigne, p. 652-653, 668, 751.
   Sur la culture de la vigne, p. 691.
   Sur la maladie des vers à soie, p. 697.
   Sur le vallage des blés, p. 705-701.
   Observations sur le rendement du blé, p. 730.
   Sur l'analyse des eaux, p. 744.
   Sur la carie du blé, p. 753.
   Sur la maladie des betteraves, p. 748.
   Sur les léporides, p. 757.
   Sur les effets de la sécheresse, p. 656.

Bull. Soc. cent. Agric. Paris, III, 1867-68.

376. *Présentation d'un opuscule sur les engrais envi-*
   sagés au point de vue le plus général, suivi de
   quelques considérations sur l'enseignement agri-
   cole.
   Applications de ces vues générales à l'emploi des
   engrais, p. 374.

Paris. Comp.-Rend., LXVI, 1868, p. 373-380.

377. *Sur la présence du cuivre dans les êtres organisés.*

Paris. Comp.-Rend., LXVI, 1868, p. 367-368.

378. *Observations relatives à une communication de M. Coste sur le rôle de l'observation et de l'expérimentation en physiologie, et aux remarques qui ont été faites à cette occasion par MM. Cl. Bernard et Daubrée.*

Paris. Comp.-Rend., LXVI, 1868, p. 1287-1288.

379. *En présentant à l'Académie une brochure ayant pour titre : « Rapport, adressé à M. le Ministre de l'Instruction publique, sur le cours de chimie appliquée aux corps organiques fait au Muséum d'Histoire naturelle, en 1867 », M. Chevreul indique les caractères généraux de son enseignement.*

Paris. Comp.-Rend., LXVII, 1868, p. 353-359.
Moniteur scientif., X, 1868, p. 892.

380. *Extrait d'un résumé des principales opinions émises sur la matière, envisagée au point de vue chimique dans l'antiquité, le moyen-âge et les temps modernes.*

Paris. Comp.-Rend., LXVII, 1868, p. 465-469.

381. *Communications sur l'histoire des connaissances chimiques.*

Paris. Comp.-Rend., LXVII, 1868, p. 501-506, 537-548, 565-573.

382. *Observations relatives à une communication de M. Dumas sur l'affinité.*

Paris. Comp.-Rend., LXVII, 1868, p. 614-616.

383. *Sur l'attraction chimique.*
Affinité de solution, p. 641.
Affinité d'antagonisme, p. 641.
Affinité sans antagonisme, p. 647.
Affinité capillaire, p. 651.

Union de l'eau avec les tissus organiques qui ont obéi à l'affinité capillaire de ce liquide, p. 652.

Union des liquides avec des matières solides pulvérulentes, p. 652.

Paris. Comp.-Rend., LXVII, 1868, p. 640-653.

384. *Justification de la marche suivie par M. Chevreul dans ses dernières communications à l'Académie.*

Ire PARTIE.

Revue des méthodes spéciales qui ont guidé M. Chevreul dans ses recherches.

1. Méthode *a posteriori* appliquée à l'analyse immédiate organique, p. 675.
2. Méthode des lavages successifs, p. 681.
3. Méthode pour reconnaitre dans les eaux naturelles des corps qui sont la cause d'effets chimiques ou organoleptiques produits par ces eaux, p. 682.
4. Méthode *a posteriori* expérimentale appliquée à reconnaitre l'action des corps sur l'organe du goût, p. 684.
5. Méthode *a posteriori* expérimentale appliquée à l'explication de certains mouvements musculaires exécutés sans que la volonté les commande, p. 685.

Paris. Comp.-Rend., LXVII, 1868, p. 674-688.

385. *Sur une végétation particulière d'un oignon de jacinthe rose.*

Paris. Comp.-Rend., LXVII, 1868, p. 782-783.

386. *Sur la scintillation de la lumière réfléchie.*

Paris. Comp.-Rend., LXVII, 1868, p. 973-976.
Moniteur scientif., X, 1868, p. 1113.

1869.

387. *Sur l'art d'élever des vers à soie au Japon*, p. 168.
Observations sur les hybrides et les métis, p. 182-183.
Sur l'horticulture en Anjou, p. 204.
Sur la culture du blé en billons, p. 206, 209.
Rapport sur le mémoire sur l'eau-de-vie de merises et de prunes, de M. Boussingault, p. 258, 263.
Observations sur le mémoire de M. Peligot sur l'utilité du sel marin en agriculture, p. 291, 295.
Avortement des vaches dans la Nièvre, p. 308.
Sur le concours des animaux de boucherie à la Villette, p. 331-332.
Observations sur le concours de Lyon, p. 454, 460.
Observations au sujet de vieux bois, p. 458.
Sur le maïs pour l'alimentation des chevaux, p. 473.
Observations sur le chauffage des vins, p. 190, 579.
Sur la destruction des pucerons par le procédé Cloez, p. 502, 507, 563.
Sur les plantes consolidant les digues, p. 508.
Observations sur la couleur des étalons, p. 515.
Observations sur les engrais, p. 519, 616.
Observations sur une corrosion produite dans les betteraves par la potasse, p. 520-521, 523.
Observations sur la maladie des betteraves, p. 536.
Récolte et chaulage du blé, p. 576.
Observations sur la nourriture des chevaux, p. 612-613.
Réflexions sur les vins du Midi, p. 658.
Sur la potasse et la soude en agriculture, p. 668.
Observations sur le Rhamnus utilis, p. 680.

Bull. Soc. cent. Agric. Paris, IV, 1868-69.

388. *Observations relatives à un mémoire de M. Péligot
sur l'utilité du sel marin en agriculture.*
Paris. Comp.-Rend. LXVIII, 1869, p. 511-514.

389. *Extrait d'un mémoire sur la décomposition du
chlorure de sodium et du chlorure de potassium
par le fer, dans une atmosphère humide.*
Paris. Comp.-Rend. LXVIII, 1869, p. 1234-1237.
Moniteur scientif. XI, 1869, p. 300.

390. *Observation relative à un mémoire de M. Landrin
sur la valeur toxique de la coralline.*
Paris. Comp.-Rend. LXVIII, 1869, p. 1539.

391. *Note accompagnant la présentation d'un ouvrage
intitulé : « De la méthode a posteriori expérimentale et de son application ».*
Paris. Comp.-Rend. LXIX, 1869, p. 845-847.

392. *Examen critique de l'histoire du mètre.*
Paris. Comp.-Rend. LXIX, 1869, p. 847-853.

393. *Observations sur les diverses encres qui ont été
employées pour écrire, et sur la difficulté qu'on
éprouve, quand on n'en connait pas la composition, à déterminer l'âge des manuscrits pour
lesquels on en a fait usage.*
Paris. Comp.-Rend. LXIX, 1869, p. 27.

394. *Observations concernant la part qu'il a prise dans
la discussion relative aux documents historiques
publiés depuis deux ans par M. Chasles.*
Paris. Comp.-Rend. LXIX, 1869, p. 305-309.
Moniteur scientif. XI, 1869, p 823.

395. *Observations relatives à la communication faite
par M. Chasles, sur la question des manuscrits
de Pascal, Galilée, etc.*
Paris. Comp.-Rend. LXIX, 1869, p 679-682.

396. *Considérations sur l'enseignement agricole en général.*

Paris. Comp.-Rend. LXIX, 1869, p. 499-502.
Moniteur scientif. XI, 1869, p. 888.

Procédé de conservation des feuilles de betteraves de M. Méhay, p. 5.

Observations sur les expériences de M. de Kergolay sur plusieurs engrais chimiques connus, p. 13-14.

Observations sur la végétation du raisin, p. 24.

Essais de brulis de terre marnée et herbée par le Docteur Filleul, p. 37, 39, 40.

Sur les poils des léporides, p. 78.

Sur le plâtrage des vins, p. 81.

Observations sur le fumier des champignons, p. 100.

Bull. Soc. cent. Agric. Paris, V, 1869-70.

1870.

397. *De la méthode* a posteriori *expérimentale et de la généralité de ses applications.* — Paris, Dunod, 1 vol. in-8, 1870, 105 pages.

Ire Partie.

De la méthode *a posteriori* expérimentale.

CHAP. I. — De l'analyse et de la synthèse relativement à la méthode *a posteriori* expérimentale, p. 19.

CHAP. II. — De l'analyse et de la synthèse en chimie. Définition du mot *fait*, p. 29.

CHAP. III. — De la distinction des propriétés des espèces chimiques, en propriétés physiques, propriétés chimiques et propriétés organoleptiques, p. 32.

De la distinction de la chimie d'avec la physique, p. 35.

D. Enseignement donné par un instituteur,
p. 317.

Economie végétale, p. 320.

Economie animale, p. 329.

PREMIER DOCUMENT.

Examen de la proposition : « *Il n'y a-t-il, dans
une formule mathématique, que ce qu'on y a
mis,* » p. 339-356.

DEUXIÈME DOCUMENT.

*Des dix parties du discours de la grammaire fran-
çaise,* p. 357-377.

TROISIÈME DOCUMENT.

Concernant le système métrique, p. 379.
Présentation du livre de la méthode à l'Académie,
p. 382.
Examen critique de l'histoire du mètre, p. 386-398.

398. *Sur la salubrité du sol et des eaux.*

Paris. Comp.-Rend., LXXI, 1870, p. 431-434.

399. *Observations relatives à une note de M. Faye
intitulée : Quels sont les vrais agents chimiques
qu'il faut opposer à l'infection miasmatique?*

Paris. Comp.-Rend., LXXI, 1870, p. 417-420.

400. *De la différence et de l'analogie de la méthode a
posteriori expérimentale, dans ses applications
aux sciences du concret et aux sciences morales
et politiques.*

Paris. Comp.-Rend., LXXI, 1870, p. 493-502.

401. *M. Chevreul exprime le désir d'obtenir quelques renseignements authentiques concernant les expériences aérostatiques des frères Montgolfier.*

Paris. Comp.-Rend., LXXI, 1870, p. 609-610.

402. *Remarques à propos d'une communication de M. Grimaux, de Caux, sur l'histoire de la panification et des connaissances chimiques qui s'y rattachent.*

Paris. Comp.-Rend., LXXI, 1870, p. 447-451.

403. *Observations relatives aux propriétés nutritives de quelques-unes des plantes citées par M. Decaisne, comme pouvant être cultivées pendant le siège.*

Paris. Comp.-Rend., LXXI, 1870, p. 489-490.

404. *Note sur un acide odorant produit dans la fermentation putride de plusieurs matières azotées, et particulièrement les tendons.*
Après lecture de cette note, M. Chevreul mentionne une communication récente faite à la Société centrale d'Agriculture par M. Payen, sur les os du cheval et l'huile qu'on en retire.

Paris. Comp.-Rend., LXXI, 1870, p. 760-761

405. *Observations à propos d'une note de M. Rabuteau sur l'estimation de la qualité alimentaire d'après les proportions d'azote.*

Paris. Comp.-Rend., LXXI, 1870, p. 736-738.

406. *Lecture d'une note sur les subsistances et l'alimentation.*

Paris. Comp.-Rend., LXXI, 1870, p. 601.

407. *Exposé des raisons pour lesquelles l'alimentation de l'homme et des animaux supérieurs doit être*

d'une nature chimique complexe (nouvelle rédac-
tion de la note lue à la précédente séance).

Paris. Comp.-Rend., LXXI, 1870, p. 648.

408. *Observations relatives à une communication de*
M. Calvert sur l'oxydation du fer.

Paris. Comp.-Rend., LXX, 1870, p. 455-456.

409. *Rapport sur un mémoire de M. Vétillart : « Etude*
sur les filaments végétaux employés dans l'in-
dustrie. »

Paris. Comp.-Rend., LXX, 1870, p. 1116-1121.

410. *Examen critique, au point de vue de l'histoire de la*
chimie, d'un écrit alchimique intitulé : « Artefii
clavis majoris sapientiæ », et preuve que cet écrit
est identique avec l'écrit publié sous le nom d'Al-
phonse X, roi de Castille et de Léon, auquel l'as-
tronomie doit les Tables Alphonsines.

Divisions de la matière de cet écrit :

1re SECTION.

Création du monde matériel, p. 33.
1. Création de la matière, p. 33.
2. Création de la lumière et distinction de quatre
genres de natures, p. 35.

2e SECTION.

Examen comparatif des idées d'Artefius émanées de
la méthode *a priori* avec les sciences physico-chimiques ; expressions de la méthode *a posteriori*
expérimentale, p. 44.

3e SECTION.

Influences astrales sur la matière terrestre, suivant
Artefius, p. 50.

4ᵉ Section.

Génération des corps terrestres, suivant Artefius, p. 51.
1. Génération des corps inorganiques, p. 52.
2. Génération des plantes, p. 57.
3. Génération des animaux, p. 58.

5° Section.

La *Clef de la Sagesse* (*Clavis sapientiæ*), qui porte le nom d'Alphonse X, roi de Castille, est le même ouvrage que la *Clef de la plus grande sagesse,* d'Artefius, p. 65.

1. Comparaison de diverses opinions d'Artefius avec celles de plusieurs alchimistes, p. 69.
   I. Geber, p. 69.
   II. Avicenne, p. 70.
   III. Aristoteles (pseudo), p. 71.
   IV. Bernard le Trevisan, p. 72.
2. Rapport de quelques opinions d'Artefius avec celles de Platon, p. 74.
   I. Platon, p. 74.
   II. Aristote, p. 77.

Mém. Acad. Sc., XXXVI, 1870, p. 27-82.

411. *Mémoire sur des phénomènes d'affinités capillaires.*

Lu à l'Académie le 9 juillet 1866.

Mém. Acad. Sc., XXXVI, 1870, p. 1-25.

412. *Note de M. Chevreul relative à la demande adressée à l'Académie d'ouvrir un volume de ses mémoires, pour recevoir le septième mémoire de ses recherches chimiques sur la teinture, qui sont relatives à la laine et au suint.*

Paris. Comp.-Rend., LXXI, 1870, p. 434-435.

Sur la contagion par virus volatil (sang de rate),
p. 671.

Bull. Soc. cent. Agric. Paris, V, 1869-70.

414. *Observations sur les prairies de M. Goetz*, p. 9.
Sur la conservation des viandes, p. 17, 141.
Sur la fabrication du charbon, p. 23, 26.
Remarques sur l'emploi du pain pour la nourriture des chevaux, p. 55.
Sur l'emploi du cheval comme alimentation, p. 70.
Observations sur la culture maraîchère, p. 74.
Observations sur la division des os, p. 76.
Sur les os de cheval, rendement en parenchyme et en gélatine, p. 86.
Observations sur les viandes cuites, p. 87-88.
Observations sur le procédé de M. Fua pour la conservation des viandes, p. 92.
Sur la décortication du blé, sans passer par la mouture, p. 91-95.

Bull. Soc. cent. Agric. Paris, VI, 1870-1871.

1870-1871.

415. *Distractions d'un membre de l'Académie des sciences de l'Institut de France, directeur du Muséum d'Histoire naturelle, lorsque le roi de Prusse, Guillaume Ier, assiégeait Paris, de 1870 à 1871.*
Paris, 1 br. in-4, 1871, Gauthier-Villars.

1. Exposé des raisons pour lesquelles l'aliment de l'homme et des animaux supérieurs doit être d'une nature chimique complexe, p. 1.
Différence des principes immédiats organiques d'avec la matière minérale, p. 4.
De la cuisson des aliments, p. 9.

De l'isomérisme, p. 11.

Conséquences des vues précédentes relatives à la nutrition, p. 44.

Quelques-conséquences de la correspondance de la nature chimique de l'aliment avec l'être qui s'en nourrit, p. 45.

2. Faits principaux sur lesquels devaient reposer les conclusions du second rapport, relativement à la gélatine envisagée au point de vue de l'alimentation, p. 47.

3. Mon opinion sur le bouillon d'os préparé par le procédé de Darcet, p. 49.

Découverte de l'acide avique dans un albatros, p. 56.

Lue à la séance du 6 février 1871.

DOCUMENTS RELATIFS AU SIÈGE DE PARIS.

Séance du 9 janvier 1871 (p. 35).

BOMBARDEMENT DU MUSÉUM D'HISTOIRE NATURELLE.

DÉCLARATION.

« Le jardin des plantes médicinales, fondé à Paris par édit du roi Louis XIII, à la date du mois de janvier 1626,

» Devenu le Muséum d'Histoire naturelle par décret de la Convention du 10 juin 1793,

» Fut bombardé,

» Sous le règne de Guillaume Ier, roi de Prusse, comte de Bismarck, chancelier;

» Par l'armée prussienne, dans la nuit du 8 au 9 de janvier 1871.

» Jusque-là, il avait été respecté de tous les pouvoirs nationaux et étrangers.

» E. CHEVREUL, *Directeur.*

» Paris, le 9 de janvier 1871. »

A la suite d'une communication scientifique faite par lui, comme d'ordinaire, à l'Académie, dans une autre séance, M. Chevreul présenta les trois pièces suivantes, particulièrement curieuses, au sujet du bombardement du Muséum :

Lettre de M. Chevreul à M. Richard Wallace (p. 53).

« Paris, le 15 de janvier 1871.

» Monsieur,

» Dans la nuit du 8 au 9 de janvier 1871, quelques professeurs du Muséum d'Histoire naturelle parlaient des misères du temps, du siège de Paris, évènement dont l'imprévu même augmentait la gravité. On s'étonnait du calme de l'Europe civilisée du XIXe siècle assistant à ce spectacle; mais, plus accessibles aux sentiments généreux qu'aux passions haineuses, nous aimions à citer quelques noms étrangers portés par des cœurs vraiment français; et voilà, Monsieur, comment le nom de Richard Wallace sortit de plusieurs bouches !

» Quelques minutes à peine écoulées, un bruit éclatant interrompit la conversation; un obus prussien venait d'éclater; une serre près de laquelle nous étions n'existait plus, et bientôt après un second obus en détruisait une autre. Arrivés sur les lieux foudroyés par une rage ennemie, quelques fleurs échappées au désastre frappent nos yeux, et un sentiment de reconnaissance, rendu plus vif encore par le contraste de la destruction, nous suscite l'idée de vous les offrir comme un hommage des professeurs du Muséum rendu à Richard Wallace, dont le nom est désormais inscrit en tête des bienfaiteurs de la population de Paris.

» Je suis heureux, Monsieur, après les marques de bienveillance dont la science anglaise m'a honoré, de vous écrire ces lignes au nom des professeurs du Muséum d'Histoire naturelle de Paris.

» Veuillez donc, Monsieur, agréer l'expression des sentiments de ma plus haute considération.

» *Signé* : E. Chevreul,
» Directeur du Muséum
» et Doyen des Associés étrangers de la Société
» royale de Londres. »

Réponse de M. Richard Wallace (p. 53).

« Paris, 18 janvier 1871.

» Monsieur,

» J'ai bien reçu hier la lettre que vous m'avez fait l'honneur de m'adresser, en date du 15 de ce mois, ainsi que le charmant bouquet qui l'accompagnait.

» Ces deux souvenirs me seront également précieux, croyez-le, Monsieur: la lettre, parce qu'elle a été écrite par vous et au nom de tant de savants distingués: les fleurs, parce qu'elles ont été élevées par vos soins et qu'elles sont victimes, elles aussi, de la barbare civilisation qui nous assiège.

» J'ai été très-heureux de pouvoir rendre quelques services à la population de Paris pendant ces cruels jours; mais, parmi les témoignages de sympathie dont j'ai été l'objet, permettez-moi de placer en première ligne l'expression des sentiments de bienveillance dont vous avez bien voulu vous faire l'interprète de la part des professeurs du Muséum d'Histoire naturelle.

» Veuillez agréer, je vous prie, Monsieur, l'expression des sentiments de ma plus haute considération.

» *Signé* : Richard Wallace. »

Lettre de M. l'abbé Lamazou (p. 54).

« Paris, le 11 janvier 1871.

» Monsieur le Directeur,

» Attaché de cœur au Muséum par les envois que je lui fis pendant mon voyage d'Orient en 1860, honoré de la bienveillance de l'illustre Geoffroy Saint-Hilaire, qui voulut bien, à cette époque, signaler dans le *Moniteur officiel* l'utilité de ces envois, je viens de lire, dans le *Compte rendu* de la dernière séance de l'Académie des Sciences, la noble protestation que vous a inspirée l'inqualifiable bombardement d'un des établissements scientifiques les plus importants et les plus populaires du monde.

» Mais il faut, dans l'intérêt de la civilisation et de la justice, que cette protestation reste acquise à l'histoire; il faut que les odieux procédés d'un peuple qui ne semble aimer et cultiver, dans la science, que ce qu'elle a de destructeur, pèsent comme un remords et une flétrissure sur la conscience de l'Europe civilisée qui les tolère et du peuple barbare qu'ils déshonorent.

» Je viens donc vous proposer de faire, avec l'assentiment de l'Administration du Muséum, graver le texte de votre protestation sur deux plaques de marbre de 60 ou 80 centimètres, et de placer ces plaques sur deux principales entrées du Muséum.

» Malgré les sacrifices que m'imposent en ce moment les épreuves multipliées de Paris, je m'engage à faire immédiatement la dépense de ces deux plaques; elles attesteront aux générations à venir de quel côté se trouvaient, dans ce néfaste siège de Paris, le droit moral et la force brutale, l'amour de la civilisation et le culte de la barbarie.

» Veuillez agréer, Monsieur le Directeur, l'assurance de ma plus respectueuse considération.

» L'abbé LAMAZOU,

» Vicaire de la Madeleine,
» 18, rue de la Ville-l'Evêque. »

M. Chevreul avait ajouté à ces documents la note suivante (p. 54) :

« Parmi les adhésions que j'ai reçues à la déclaration faite à l'Académie des Sciences, le 9 de janvier, aucune ne m'a plus touché que la lettre de M. l'abbé Lamazou. Qui pourrait effectivement m'être plus précieux que l'expression du patriotisme le plus désintéressé dans la bouche d'un ministre des autels d'un Dieu de paix, et la pensée du *théologien* qui, loin de repousser les sciences comme ennemies, les considère, avec raison, comme les puissants auxiliaires du sentiment religieux !

» Que l'expression de cette double sympathie soit permise, non au savant, mais à celui qui peut se dire le *Doyen des Etudiants de France*, puisqu'il lui a été donné de continuer sans interruption, sur les bords de la Seine, des études commencées à la fin du siècle précédent dans le beau pays d'Anjou.

» E. CHEVREUL. »

416. *Complément des distractions*, etc.

D'une erreur de raisonnement très-fréquente dans les sciences du ressort de la philosophie naturelle qui concernent le concret. 102 pages, 1871.

Voir, pour les détails, à 1877, Mém. de l'Acad, vol. XXXIX.

417. *Observations relatives à un passage de la communication récente de M. Frémy sur l'emploi de l'osséine dans l'alimentation.*

Paris. Comp.-Rend. LXXI, 1870, p. 996-997, 562-565.
Moniteur scientif. XII, 1872, p. 852-853, 919, 945-954, 990-992.

418. *Résumé historique des travaux dont la gélatine a été l'objet.*

Paris. Comp.-Rend. LXXI, 1870, p. 855-872, 912-927.
Paris. Comp.-Rend. LXXII, 1871, p. 44-56, 67-71.
Moniteur scientif. XIII, 1871, p. 10-17, 29.
(Se trouve réimprimé dans les *Distractions*, etc., 1871.)

419. *D'une erreur de raisonnement très fréquente dans les sciences du ressort de la philosophie naturelle qui concernent le concret.*

Paris. Comp.-Rend. LXXII, 1871, p. 466-471.

420. *Sur des papiers incinérés, provenant de l'incendie du ministère des finances.*

Paris. Comp.-Rend. LXXII, 1871, p. 83-85.
Moniteur scientif. XIII, 1871, p. 586.

421. *Sur trois végétations d'un même oignon de jacinthe rose.*

Paris. Comp.-Rend. LXXII, 1871, p. 431-437.

422. *Confirmation d'un fait que les sous-carbonates de chaux restant dans les fruits du Celtis, ont été, durant leur développement, en contact avec la pulpe acide du fruit; faits analogues observés, non dans la nature vivante, mais dans les produits chimiques de laboratoire.*

Paris. Comp.-Rend. LXXII, 1871, p. 465-466.

423. *Découverte de l'acide avique dans un albatros.*

Paris. Comp.-Rend. LXXII, 1871, p. 132-134.
Moniteur scientif. XIII, 1871, p. 79.
(Se trouve réimprimé dans les *Distractions*, etc., 1871.)

424. *Explication de sons articulés, produits dans l'intérieur du corps, dont on peut rapporter la cause au monde extérieur.*

Paris. Comp.-Rend. LXXII, 1871, p. 134-135.

425. *De l'influence de la force alcaline, eu égard à l'aptitude de la laine à se teindre également.*

Paris. Comp.-Rend. LXXII, 1871, p. 332-337.

426. *Déclaration au sujet du bombardement du Muséum.*

Paris. Comp.-Rend.
Moniteur scientif. XIII, 1871, p. 29.
(Se trouve reproduite dans *Les Distractions d'un Membre de l'Académie pendant le siège de Paris*, p. 35.)

427. *M. Chevreul blâme les industriels qui ne lisent pas ses écrits.*

Moniteur scientif. XIII, 1871, p. 247.

428. *La relation des dangers courus par le Muséum, et incendie des Gobelins.*

Moniteur scientif. XIII, 1871, p. 426.

429. *Principes de l'assainissement des villes, etc., par Ch. Freycinet.* (Paris, 1 vol. in-8 et atlas de 18 pl.)

1ʳᵉ Partie. — 1ᵉʳ Article.

Conditions fondamentales de l'assainissement ou circulation continue, p. 485.
   I. Distribution d'eau pure, p. 487.
     Eaux pluviales, cours d'eau, p. 488.
     Des eaux publiques, p. 189.
     Principe de la distribution, p. 490.

II. Action de la chaleur sur les étoffes teintes,
p. 333.

2ᵉ PARTIE.

Application de la première partie à l'assainissement
des villes et à l'agriculture, p. 449.
1. De l'emploi des matières fécales en agriculture,
p. 450.
2. De l'infection des eaux, p. 506.
3. De l'infection des sols, p. 512.
4. De la situation des cimetières relativement aux
villes, p. 513.
5. De l'affinité capillaire relativement au sol, eu
égard aux eaux atmosphériques et aux eaux
souterraines qu'il peut recevoir, p. 514.
6. De la construction des maisons dans les villes
au point de vue de l'hygiène, p. 516.

Journ. des Savants, 1872, p. 315-337, 449-456, 506-520.

430. *Discours prononcé par M. Chevreul aux obsèques
de M. Payen.*

Bull. Soc. Encourag. XVIII, 1871, p. 246-248.

431. *Note sur une préparation alimentaire avec la peau
de veau, faite par M. Duchesne, pendant le siège
de 1870.*

Bull. Soc. Encourag. XVIII, 1871, p. 246.

432. *Observations sur la bouillie romaine*, p. 112-113.
Sur l'utilisation des eaux d'égout, p. 119-120.
Transformation directe du blé en pain, p. 121.
Sur l'utilité du lapin, p. 132, 133, 135.
Sur les racines de chicorée, p. 112.
Faculté d'assimilation sur les animaux précoces,
p. 157.
Sur l'engraissement précoce, p. 177.

Bull. Soc. cent. Agric. Paris, VI, 1870-71.

Sur la peste bovine, p. 35-36, 227, 621.

Sur l'émigration des Alsaciens-Lorrains en Algérie, p. 53-55.

Sur la moelle des plantes ligneuses, p. 88.

Sur le concours d'animaux gras en Angleterre, p. 95-96.

Sur la décoloration des fleurs par l'électricité, p. 102.

Sur les grands froids de 1871, p. 118.

Bull. Soc. cent. Agric. de France, VII, 1871-72.

1872.

434. *Remarques au sujet du mémoire de M. Dumas sur la combustion du carbone par l'oxygène.*

Paris. Comp.-Rend. LXXIV, 1872, p.
Bull. Soc. Encourag. XIX, 1872, p. 143-146.

435. *Sur la végétation, la culture et la sophistication du safran,* p. 138.

Création d'une école d'agriculture à Montpellier, p. 145-146.

Allocution à propos de la mort de M. Combes, p. 150-151.

Sur la migration des populations des campagnes, p. 179.

Sur le phylloxera vastatrix, p. 203, 255, 421, 580.

Sur une culture comparative de betteraves et de pommes de terre, p. 213.

Sur les eaux d'égouts de Londres, p. 229-230.

Sur la feuillée et les eaux des bois, p. 280-281.

Sur l'Exposition hippique (couleurs des chevaux), p. 375-376.

Sur la nature du terrain où le phylloxera vastatrix a fait invasion, p. 421-422.

Bull. Soc. cent. Agric. de France, VII, 1871-72.

Dans la séance du 24 janvier 1872, M. Chevreul reçoit le titre de membre honoraire de la Société des Agriculteurs de France.

*Observations sur les betteraves à sucre enfermées
en silos*, p. 56-59.
*Innocuité du lait provenant des vaches atteintes
de la cocotte*, p. 109, 373, 426.
*Sur des betteraves ayant séjourné un mois sous
l'eau*, p. 130-131.
Sur l'abattage des bois, p. 138.

> Bull. Soc. cent. Agric. de France, VIII, 1872-73.

436. *Seconde communication sur l'histoire de la fermentation.*

> Paris. Comp.-Rend. LXXIV, 1872, p. 898-913.
> Moniteur scientif. XIV, 1872, p. 432, 974, 983.

437. *Deuxième note sur la cristallisation des sels de
baryte, dont les acides proviennent de l'eau de
macération des cadavres.*

> Paris. Comp.-Rend. LXXIV, 1872, p. 957-959.

438. *Note relative aux recherches sur la teinture entre-
prises par M. Paul Havrez.*

> Moniteur scientif., XIV, 1872, p. 155.

439. *Communication relative à l'histoire des ferments,
d'après Von Helmont.*

> Paris. Comp.-Rend. LXXIV, 1872, p. 409-413.
> Moniteur scientif. XIV, 1872, p. 432.

440. *Sur un phénomène de cristallisation d'une solution saline très concentrée.*

> Paris. Comp.-Rend. LXXV, 1872, p. 774-777, 953.
> Moniteur scientif. XIV, 1872, 329, 434.

441. *Note sur la stabilité des couleurs fixées sur les
étoffes en général, et sur la soie en particulier.*

> Paris. Comp.-Rend. LXXV, 1872, p. 744-749.
> Moniteur scientif. XII, 1872, p. 371, 912.

442. *Résultats produits par l'insolation sur diverses espèces de verres.*

Paris. Comp.-Rend. LXXV, 1872, p. 621-625.

1873.

443. *Agrologie. — Article à propos de l'ouvrage de M. Gasparin : « Traité de la détermination des terres arables dans le laboratoire ».*

Journ. des Savants, 1873, p. 661-672, 757, 771.
Journ. des Savants, 1874, p. 293-314.

1er ARTICLE.

1. Choix des graines, p. 663. — 2. Le sol, p. 664. — 3. L'atmosphère, p. 664. — 4. Chaleur, lumière, électricité, magnétisme, p. 665.

Analyse chimique, p. 757.

Dosage de l'acide phosphorique, p. 758 ; de la potasse, p. 759 ; de la chaux, p. 760 ; de la magnésie, p. 761 ; de la soude, p. 761 ; de la silice du fer et de l'alumine attaquables, et des matières organiques, p. 762.

Comparaison des terres arables, p. 767.

Classification des terres arables, p. 768.

Journ. des Savants, 1873, p. 661-672, 757-771.

3e ARTICLE.

I. Difficultés de l'application des sciences à l'agriculture et à la médecine, et raison pourquoi la médecine, plus complexe que l'agriculture, a été enseignée, dans des écoles spéciales, des siècles avant que l'agriculture l'ait été, p. 93.

II. Inconvénient résultant du transport de la méthode spéciale d'une science pure à une autre science différente de la première par son caractère spécial, p. 297.

III. Conséquences résultant de ce que les plantes sont fixées au sol, eu égard aux connaissances qu'il faut avoir, pour éclairer l'agriculture, des lumières de la science, p. 302.

IV. Considérations relatives au sol, eu égard à sa structure physique, à son altitude et au climat, p. 304.

V. Enumération des connaissances principales et nécessaires, pour constituer la résultante des causes auxquelles la plante est soumise dans le lieu où on l'a cultivée, p. 308.

Journ. des Savants, 1874, p. 293-314.

444. *Note sur la présence de l'acide avique dans un échantillon de guano, et réflexions sur l'estimation de la valeur vénale des engrais d'après leur analyse élémentaire.* (Première note sur le guano.)

Paris. Comp.-Rend. LXXVI, 1873, p. 1376-1383.

445. *Deuxième note sur le guano.*

Paris. Comp.-Rend. LXXVI, 1873, p. 1505-1508.

1. Du gaz dégagé par l'action de l'eau sur le guano en pierre.

2. Examen de la matière ayant apparence d'un fragment de verre de vitre, remis par M. Barral.

446. *Discours de M. Dumas, à la séance du 2 septembre 1872, à l'occasion de ses 86 ans. M. Faye lui remet une médaille commémorative qui a été frappée à son intention.*

Moniteur scientif XIV, 1872, p. 832-833.

447. *Troisième note sur le guano.*

Paris. Comp.-Rend. LXXVII, 1873, p. 155-159.

448. *Quatrième note sur le guano en pierre.*

Paris. Comp.-Rend. LXXVII, 1873, p. 453-454.

449. *Cinquième note sur le guano.*

Guano d'une couleur brune et mate.

Paris. Comp.-Rend. LXXVII, 1873, p. 569-571.

450. *Sixième note sur le guano.*

Découverte de l'urate de chaux dans le guano n° 4. — Quelques observations générales sur la matière constituant les êtres vivants, et particulièrement les animaux.

Paris. Comp.-Rend. LXXVII, 1873, p. 901-903.
Moniteur scientif. XV, 1873, p. 1048.

451. *Septième note sur le guano.*

1. Phosphate ammoniaco de potasse hydraté, p. 1265.

2. Quelques faits relatifs à l'acide avique et à un acide volatil d'odeur phocénique, p. 1267.

Paris. Comp.-Rend. LXXVII, 1873, p. 1265-1267.
Moniteur scientif. XV, 1873, p. 379, 681, 762, 909-901.

452. *Deux remarques relatives à la communication de de M. Bouillaud, sur la localisation de la faculté de la parole.*

Paris. Comp.-Rend. LXXVII, 1873, p. 13-18.
Moniteur scientif. XV, 1873, p. 381, 756.

453. *Note sur le tissu élastique jaune, et remarques sur son histoire, à propos du mémoire de M. Bouillaud et des remarques faites sur ce travail par M. Bouley.*

Paris. Comp.-Rend. LXXVII, 1873, p. 681-684.

454. *Le Secrétaire perpétuel de l'Académie lui décerne la « Médaille Albert », pour ses découvertes en chimie, etc.*

Moniteur scientif. XV, 1873, p. 760.

455. *Recherches sur le tissu élastique jaune de l'éléphant et du bœuf.*

Paris. Comp.-Rend. LXXVII, 1873, p. 684-686.
Moniteur scientif. XV, 1873, p. 381-355.

456. *Quelques considérations sur le tissu jaune et l'analyse organique immédiate.*

Paris. Comp.-Rend. LXXVII, 1873, p. 750-751.

457. *Action de l'eau pure sur divers métaux.*

Paris. Comp.-Rend. LXXVII, 1873, p. 1137-1140.

1. Observations relatives à l'hygiène.

2. Observations relatives aux arts.

3. Observations relatives à la chimie.

Moniteur scientif. XV, 1873, p. 1063.

458. *La vérité sur la photographie.* A propos de l'ouvrage de M. Fouqué : « Nicéphore Niepce, sa vie, ses essais, ses travaux, d'après sa correspondance et d'autres documents inédits ».

1. De l'héliographie, de la daguerréotypie, et de la photographie, p. 281.

2. Perfectionnement apporté à l'héliographie, etc., p. 287.

3. Histoire de la théorie de l'héliographie, etc., p. 291.

4. Différence de l'esprit de Claude et de Nicéphore Niepce, et réflexions sur l'histoire de l'héliographie, etc., p. 295.

Journ. des Savants, 1873, p. 65-82, 277-390.

459. *Sur une altération des pommes de terre qui s'est
      produite dans leur végétation en 1872*, p. 175-176.
      Sur un procédé d'écorçage à la vapeur, p. 321-322.
      Nitre dans l'Amarantus blitum (pied-rouge),
      p. 386.
      Sur les aromes, p. 103, 111.
      Sur un procédé d'abattage des bœufs, p. 441.
      Sur la peste bovine, p. 478.
      Sur les équivalents alimentaires, p. 520, 522.
      Sur le guano, p. 604. 620. 701, 712, 724, 725, 771.
      Sur la composition des engrais, p. 647.
      Sur un lien en ficelle goudronnée, p. 710.
      Sur la mort de M. Millet, d'Angers, p. 723-724.
      Sur la verse des céréales, p. 794, 808.
      *Sur un phénomène de végétation produit par un
      brin de charme*, p. 596-597.
      *Production d'agneaux très-précoces par le métis-
      sage avec la race solognote*, p. 813.
      Sur les eaux d'égouts de Paris, p. 845.
      Sur les nappes souterraines de la Brie, p. 884-885.
      Bull. Soc. cent. Agric. de France, VIII, 1872-73.

460. *Sur le phylloxéra*, p. 28, 333-334, 417, 548, 560,
      661, 761.
      Sur le blé bleu, p. 64, 79.
      *Sur la liqueur obtenue avec des raisins de cépage
      Isabelle*, p. 62.
      *Sur la diminution dans le pouvoir tinctorial de
      la garance*, p. 75, 985.
      Sur le rôle du sel en agriculture, p. 70.
      *Sur la fabrication du sucre dans le Zollverein et
      en France*, p. 100.
      Sur la fabrication de l'alizarine artificielle, p. 108.
      Expériences sur les engrais, p. 114.
      *Emploi du goudron de bois et du goudron minéral
      dans l'élagage des arbres*, p. 124-125.

Sur des phosphates fossiles dans les Ardennes, la Meuse et le Pas-de-Calais, p. 128.

Bull. Soc. cent. Agric. de France IX, 1873-74.

1874.

461. *Commission chorographique des Etats-Unis et de la Colombie.*

Nouvelles études sur les quinquinas, d'après les matériaux présentés en 1867 à l'Exposition universelle de Paris, et accompagnées de fac-simile des dessins de la Quinologie de Mutis, suivies de remarques sur la culture des quinquinas, par Triana, etc. Paris, 1870.

1ᵉʳ Article. — 1871, p. 738, 751.

2ᵉ Article. — 1ʳᵉ Partie, 1874, p. 761, 771.

2ᵉ Article. — 2ᵉ Partie, 1875. p. 5, 12.

3ᵉ Article.

De l'introduction et de l'acclimatation du quinquina dans l'Ancien-Monde, p. 597.

De la culture des chinchonas dans les colonies néerlandaises, p. 603.

De la culture des chinchonas dans les colonies anglaises, p. 606.

Journ. des Savants, 1876, p. 597-615.

4° Article.

A. Considérations générales, p. 615.

B. Découverte des alcalis organiques, p. 618.

Première époque, 1803-1820.

1. Derosne, p. 619.— 2. Arnauld Séguin, p. 620. — 3. Sertuerner, p. 621. — 4. Robiquet, p. 622. — 5. Docteur Gomès, de Lillebonne, p. 622. — 6. Pelletier et Caventou. p. 623.

*Création d'un privilège en faveur du vendeur
d'engrais,* p. 1003, 1009, 1015.
Guérison du sang de rate par l'emploi de la craie,
p. 964.
Sur l'emploi des têtes de sardines comme engrais,
p. 1003.
Sur l'analyse des terres vierges de la Sologne,
p. 329, 332-333.
*Sur les procédés de culture de la vigne et des
orangers,* p. 915.

Bull. Soc. cent. Agric. de France, IX. 1873-1874.

463. *Observations relatives aux études de M. Boussingault sur la transformation du fer en acier.*

Paris. Comp.-Rend., LXXVIII, 1874, p. 1510-1512.
Moniteur scientif., XVI, 1874, p. 668.

464. *Huitième note sur le guano.*

Paris. Comp.-Rend., LXXIX, 1874, p. 273-276.
Moniteur scientif., XVI, 1874, p. 76.

465. *Présentation d'un ouvrage espagnol de M. Valho-
nesta y Vendrell, sur le contraste des couleurs
(Réflexions).*

Paris. Comp.-Rend., LXXIX, 1874, p. 418-419.

466. *Neuvième note sur le guano.*

Paris. Comp.-Rend., LXXIX, 1874, p. 493-496.
Moniteur scientif., XVI, 1874, p. 855-935.

467. *Note à propos d'une communication de M. Jacque-
min, sur la teinture par l'acide picrique.*

Paris. Comp.-Rend., LXXIX, 1874, p. 525-526.

468. *Observations au sujet d'une communication de
M. Vorpicelli : « Sur un phénomène physiologique produit par excès d'imagination. »*

Paris. Comp.-Rend., LXXIX, 1874, p. 575-577.
Moniteur scientif., XVI, 1874, p. 939.

469. *La science devant la grammaire.*

Paris. Comp.-Rend., 1874, p. 626-633.

470. *Communications sur le guano.* Br. in-8, 39 pages, Paris, Masson. 1871.

Réunion des sept premières notes des Comp.-Rend. de l'Académie des Sciences.

1875.

471. *Observations sur la présence de l'acide prussique dans les champignons,* p. 33.

Sur le troupeau dishley-mérinos de Trappes, p. 66.

Sur la pulvérisation des engrais, p. 94-95.

Sur la fabrication des beurres et fromages, p. 105-106.

Sur l'emploi du coaltar, p. 124.

Sur l'analyse du phosphate de chaux, p. 191, 196.

Sur des phosphates de chaux fossiles dans le département de la Meuse, p. 210, 212.

Sur la culture et l'ensilage du maïs-fourrage, p. 281-282.

Sur le cépage Isabelle, p. 380, 680-681.

Sur l'état des vignes et fissures de quelques grains, p. 503-504.

Sur l'échauffement spontané des fourrages, p. 506.

Sur le concours de la Société royale de Londres, p. 543.

Sur l'avoine dite des salines, p. 556-557.

Sur le concours de machines à moissonner, etc., p. 574.

Mauvais effets attribués à l'avoine nouvelle et aux fourrages poudreux, p. 577, 583.

Identité de la foudre avec l'électricité des machines électriques, p. 585, 587.

Sur la récolte du froment en 1875, p. 608-609.

Sur les résultats obtenus par **M.** *d'Habert à la ferme de Maisons-Alfort,* p. 633.

Sur l'état de la distillation de diverses plantes, p. 685, 688.

Sur les phosphates de chaux de Quercy, p. 694-695.

Sur l'aménagement des eaux en France, p. 701.

Sur l'effeuillage des betteraves et sur la formation du sucre dans les végétaux, p. 727.

Sur les procédés chimiques d'épaillage des laines, p. 748.

Bull. Soc. cent. Agric. de France, XXXV, 1875.

472. *Sur l'Exposition universelle de* 1851, *à propos de la reproduction de certains tableaux pour la tapisserie.*

Bull. Soc. Encourag., 1875, p. 13.

473. *Exemple de sa méthode de classification des couleurs.*

Bull. Soc. Encourag., 1875, p. 13.

474. *Note à propos d'une communication de* **M.** *Menier :* « *Sur la pulvérisation des engrais, etc.* »

Paris. Comp.-Rend., LXXX, 1875, p. 362-364.
Moniteur scientif., XVII, 1875, p. 278.

475. *Études des procédés de l'esprit humain dans la recherche de l'inconnu, à l'aide de l'observation et de l'expérience, etc.*

Paris. Comp.-Rend., LXXX, 1875, p. 693-700.

476. *Sur l'explication de nombreux phénomènes qui sont une conséquence de la vieillesse* (3e mémoire, extrait).

Paris. Comp.-Rend., LXXX, 1875, p. 1414-1417.
Paris. Comp.-Rend., LXXXI, 1875, p. 5-10, 61-64.
Moniteur scientif., XVII, 1875, p. 646, 744, 746, 749.

== 234 ==

— 234 —

477. *Remarques à propos d'une communication de M. Boussingault.*

> Paris. Comp.-Rend., LXXX, 1875, p. 786.

478. *Note à l'occasion d'une note de M. Bouillaud, insérée page 122 des C.-R., séance du 19 juillet.*

> Paris. Comp.-Rend., LXXXI, 1875, p. 180-182.
> Moniteur scientif., XVII, 1875, p. 858.

479. *Quelques remarques sur une note historique relative à J.-B. Van Helmont, à propos de la définition et de la théorie de la flamme, par M. Melsens.*
Sur la théorie de la combustion de Van Helmont, p. 307.
De l'influence de son *blas* sur le monde terrestre et des *espèces* de ses *trois monarchies.*

> Paris. Comp.-Rend., LXXXI, 1875, p. 307-310, 360-364.
> Moniteur scientif., XVII, 1875, p. 865-866.

480. *Examen d'un bois dit pétrifié par du sous-carbonate de chaux, trouvé à Bourbonne-les-Bains dans un puisard romain, et remis à M. Chevreul par M. Daubrée.*

> Paris. Comp.-Rend., LXXXI, 1875, p. 1006-1008.
> Moniteur scientif., XVIII, 1876, p. 83.

481. *Le 4 janvier 1875, M. Chevreul est nommé Grand-Croix de la Légion d'honneur.*

> Journal Officiel, 6 janvier 1875.
> Moniteur scientif., XVII, 1875, p. 94.

482. *Le 31 mai, M. Chevreul est nommé par ses confrères membre du Conseil supérieur des Beaux-Arts.*

> Moniteur scientif., XVII, 1875, p. 641.

483. *Allocution à la séance publique annuelle du 16 juin 1876.*

> Séance publique annuelle de la Soc. Nat. Agric. de France, 1876.

1876.

484. *Sur le concours du Palais de l'Industrie*, p. 140, 143.
Sur la valeur comparative de diverses viandes et sur leurs propriétés nutritives, p. 160.
Sur des échantillons de vaniline, p. 173-174.
Sur l'avoine à grands rendements, p. 192.
Sur la fécondation d'un Aucuba du Japon, p. 193.
Sur la transformation des cultures des départements du sud-ouest, p. 319.
Sur une écorce de Séquoia, p. 334, 349.
Sur les moyens de combattre le phylloxéra, p. 377.
Sur la consommation de la viande de porc, p. 382.
Sur les ferments, p. 388.
Sur l'acide phénique, p. 404, 407.
Sur la rage et son virus, p. 408-409.
Sur l'emploi du Xanthium spinosum contre la rage, p. 420-421, 463.
Sur un cas d'affection charbonneuse contractée par un porteur à la halle aux viandes de Paris, p. 428.
Sur les verres de bouteilles, p. 557, 560.
Sur les puits artésiens forés en Algérie, p. 466.
Sur le sucrage des moûts, p. 478.
Sur le blé précoce du Japon, p. 479, 481.
De l'affinité capillaire, etc. (Voir le Journal des Savants, 1872), p. 357, 360.
Sur la répartition des différents principes immédiats, organiques et minéraux, dans les parties du grand maïs coupé un peu avant sa maturité, p. 541.
Sur la culture de l'Arachide, p. 551, 556.
Sur les schistes pyriteux, p. 581.

Observations sur un nouvel exemple de décompositions chimiques qui s'opèrent dans les silicates, notamment dans le Feldspath, p. 571.

Sur les diverses variétés de café, p. 604-605.

Bull. Soc. cent. Agric. Paris, XXXVI, 1876.

485. *Le jardin fruitier du Muséum, ou Iconographie de toutes les espèces et variétés d'arbres fruitiers cultivés dans cet établissement, avec leur description, leur histoire, leur synonymie, par J. Decaisne, membre de l'Institut, professeur au Muséum; publié sous les auspices de Son Exc. M. le Ministre de l'Agriculture et du Commerce.*

1ᵉʳ ARTICLE.

Journ. des Savants, 1876, p. 746-755.

2ᵉ ARTICLE.

Histoire des poiriers, p. 303, 329, 337.

3ᵉ ARTICLE.

Fruits à noyaux, p. 614, 647.

Journ. des Savants, 1877, p. 302-311, 329-337, 614-625, 647-652.

486. *Sur les températures les plus convenables pour faire du beurre avec de la crème*, p. 7.
Sur une note de M. Cornevin sur l'utilisation des rognures de peaux de gants dans l'alimentation du porc, p. 12.
Sur les corps dits isomères, p. 13.
Sur l'augmentation du prix des vêtements, p. 27-28.
Sur l'usine de M. Springer à Maisons-Alfort, pour la fabrication de la levure de boulangerie et de l'alcool, p. 11, 16.
Sur les pulpes obtenues par les presses continues, p. 52.

Emploi des chiffons de laine dans une vigne, à Bordeaux, p. 53-54.

Sur le sucrage des vins, p. 79, 81-82.

Bull. Soc. cent. Agric. Paris, XXXVI, 1876.

487. *Note sur l'affinité capillaire.*

Paris. Comp.-Rend., LXXXIII, 1876, p. 682-686.
Moniteur scientif., XVIII, 1876, p. 1157.

488. *Note sur ses derniers travaux.*
Méthode *a posteriori*, contraste simultané, etc.

Paris. Comp.-Rend., LXXXIII, 1876. p. 1065-1066.
Moniteur scientif., XIX, 1877, p. 179.

489. *Banquet offert à M. Chevreul le 31 août 1876 (Société d'Agriculture).*

Moniteur scientif., XVIII, 1876, p. 1294.

1877.

490. *Note à propos d'une communication de M. Bouillaud sur la fièvre typhoïde.*

Paris. Comp.-Rend., LXXXIV, 1877, p. 107.

491. *Remarques sur une note de M. Radziszewski relative à la phosphorescence des corps organiques.*

Paris. Comp.-Rend., LXXXIV, 1877, p. 323-325.
Moniteur scientif., XIX, 1877, p. 438.

492. *Sur un phénomène de l'insolation de l'œil, qui n'a point encore été expliqué.*

Paris. Comp.-Rend., LXXXIV, 1877, p 895-900.
Moniteur scientif., XIX, 1877, p. 895.

M. Chevreul est nommé associé régnicole de l'Académie royale des Sciences de Belgique (séance du 16 février 1876). Soc. cent. Agric. Paris.

493. *Mémoire sur la combinaison du chlorhydrate d'ammoniaque avec les chlorures de potassium et de sodium.*

> Paris. Comp.-Rend., LXXXV, 1877, p. 493-496.

494. *Sur une des causes de la coloration en rouge des feuilles du Cissus quinquefolia.*

> Paris. Comp.-Rend., LXXXV, 1877, p. 788.
> Moniteur scientif., XIX, 1867, p. 1280.

495. *Résumé d'une histoire de la matière* (extrait des mémoires de l'Académie).

> Paris. Comp -Rend., LXXXV, 1877, p. 738-738, 769-774, 826-831, 875-880. 920-926.
> Moniteur scientif., XIX, 1877, p. 1260-1263.

496. *D'une erreur de raisonnement très-fréquente dans les sciences du ressort de la philosophie naturelle qui concernent le concret, expliquée par les derniers écrits de M. Chevreul.*

> Opuscule présenté à l'Académie le 17 avril 1871.

1re Section.

I. Principe fondamental, p. 3.

II. Application à la grammaire, p. 1.

III. Applications générales à la distinction des sciences de la philosophie naturelle en deux catégories, p. 10.

2e Section.

De l'erreur produite dans les sciences par des propositions qui, fondées sur la connaissance de la partie seulement, sont exprimées avec l'assurance que donnerait la connaissance du tout, p. 19.

3ᵉ Section.